# 白酒产品
## 云仓布局与优化

张晓莲　著

西南财经大学出版社

中国·成都

图书在版编目（CIP）数据

白酒产品云仓布局与优化/张晓莲著.--成都：
西南财经大学出版社,2024.8.--ISBN 978-7-5504-6302-8
Ⅰ.F426.82-39
中国国家版本馆 CIP 数据核字第 2024TW6900 号

白酒产品云仓布局与优化
BAIJIU CHANPIN YUNCANG BUJU YU YOUHUA
张晓莲　著

责任编辑:石晓东
责任校对:陈何真璐
封面设计:墨创文化
责任印制:朱曼丽

| | |
|---|---|
| 出版发行 | 西南财经大学出版社(四川省成都市光华村街55号) |
| 网　　址 | http://cbs.swufe.edu.cn |
| 电子邮件 | bookcj@ swufe.edu.cn |
| 邮政编码 | 610074 |
| 电　　话 | 028-87353785 |
| 照　　排 | 四川胜翔数码印务设计有限公司 |
| 印　　刷 | 成都市金雅迪彩色印刷有限公司 |
| 成品尺寸 | 170 mm×240 mm |
| 印　　张 | 12.25 |
| 字　　数 | 302 千字 |
| 版　　次 | 2024 年 8 月第 1 版 |
| 印　　次 | 2024 年 8 月第 1 次印刷 |
| 书　　号 | ISBN 978-7-5504-6302-8 |
| 定　　价 | 78.00 元 |

# 前　言

在当今的市场环境下，白酒行业面临着前所未有的挑战与机遇。随着消费者需求的日益多样化，传统的供应链管理方式已难以迅速响应市场需求。在这样的背景下，云仓作为一种新兴的物流仓储模式，以其独特的优势成为行业关注的焦点。云仓技术不仅能够有效降低库存成本，提高物流效率，还能实现对供应链的实时监控和管理，对于提升白酒行业供应链的灵活性和市场竞争力具有重要意义。

本书旨在深入探讨云仓技术在白酒行业中的应用现状、面临的挑战以及优化策略，希望通过系统的分析和研究，为白酒企业提供科学、实用的云仓布局与优化建议。本书不仅适合白酒行业的企业管理者、供应链领域的专业人士阅读，也适合对云仓技术、物流与供应链管理感兴趣的学者和学生参考。

在撰写本书的过程中，笔者深入分析了当前白酒行业供应链管理的现状，特别是在仓储物流方面面临的具体挑战；通过对国内外多个成功与失败的案例进行研究，总结出一套适用于白酒产品的云仓布局与优化策略。此外，考虑到技术进步和市场环境的不断变化，我们还探讨了云仓技术未来的发展趋势，以及这些趋势可能对白酒行业带来的影响。

本书的撰写得到了多位行业专家的大力支持与帮助，在此表示衷心的感谢。希望本书能为读者提供有价值的信息，同时也期待得到读者的宝贵意见和建议，以便笔者在未来的研究与实践中不断改进和完善。

在迅速变化的市场环境中，只有不断创新和优化，才能保持竞争优势。笔者相信，随着云仓技术的不断发展和应用，白酒行业的供应链管理将迎来新的发展机遇。希望本书能够让每一位白酒行业的从业者获得一点启发，助力大家在激烈的市场竞争中把握先机，赢得成功。

张晓莲

2024 年 4 月

# 目　录

# 1 绪论

## 1.1 研究背景

围绕着数字经济，国家发展改革委、中央网信办联合印发了《关于推进"上云用数赋智"行动 培育新经济发展实施方案》，目标是大力培育数字经济新业态，深入推进企业数字化转型，打造数据供应链，以数据流引领物资流、人才流、技术流、资金流，形成产业链上下游和跨行业融合的数字化生态体系。

### 1.1.1 国家政策支持

2015 年，我国政府在《中国制造 2025》中就已明确强调了数字化制造的重要性，提出了智能制造发展的指导方针和具体政策，旨在鼓励企业加快推进工业互联网、大数据、人工智能等技术的应用，提升制造业的智能化水平。2015 年发布的《国务院关于积极推进"互联网+"行动的指导意见》提出了"互联网+"的概念，旨在促进传统产业与互联网深度融合，推动数字经济发展和创新，加快信息技术在各行业、各领域的应用。2016年，国务院出台的《"十三五"国家信息化规划》着眼于推动信息技术在经济社会发展中的全面应用，提出了一系列关于信息化发展的政策措施，包括推进信息基础设施建设、推动信息化和工业化深度融合、健全网络安全保障体系等。

这些政策文件反映了政府在数字化转型方面的战略部署和政策导向，即通过加速信息技术与传统产业融合、促进数字经济发展以及加强信息安全等措施，推动中国经济和社会的数字化转型进程。

### 1.1.2 现实发展需要

#### 1.1.2.1 电商平台的兴起

随着电商市场的拓展和消费者需求的增长，传统仓储和物流模式正面临着严峻挑战。云仓作为一种新兴的供应链管理模式，通过整合多个仓库的库存资源和物流网络，以更加灵活、高效的方式满足电商平台的订单需求。这种模式不仅提升了仓储和物流的效率，还减少了运营成本和库存风险。

电商平台订单量的爆发式增长，对订单履行的速度与准确性提出了更高要求。传统仓储模式难以满足这种需求，而云仓通过分布式的仓库网络和先进的信息技术，能够迅速响应订单需求，并实现快速配送。

云仓利用大数据分析、人工智能和物联网技术，实现了仓储管理的智能化和优化。通过实时监控库存情况、预测需求趋势和优化物流路线，云仓能够更精准地管理和调配库存，提高仓储效率和服务质量。

电商平台的多样化业务模式[①]（如 B2C、C2C、B2B 等）需要灵活的供应链解决方案。云仓通过灵活的租赁模式和按需服务，能够为不同规模和类型的电商平台提供定制化的仓储解决方案，支持其快速扩展和业务多样化。

---

[①] 市面上常见的五种电商模式，各自以其独特的魅力，深刻地塑造着现代商业格局与消费者行为的新面貌。第一，B2B（BUSINESS-TO-BUSINESS）模式，作为企业间合作的桥梁，通过专用网络实现高效的数据信息共享与交易活动，是供应链管理中的核心环节。它不仅促进了产业链上下游企业的紧密合作，还加速了资源的优化配置与整合，为企业的可持续发展注入了强劲动力。第二，B2C（BUSINESS-TO-CONSUMER）模式，作为电商领域的标志性零售模式，以其跨越地理界限的便捷性，彻底改变了人们的购物方式。消费者只须轻点鼠标或滑动屏幕，即可在全球范围内挑选心仪的商品，享受前所未有的购物体验。这一模式不仅极大地丰富了市场供给，满足了消费者多元化的需求，还推动了零售行业的数字化转型与升级。第三，C2B（CUSTOMER-TO-BUSINESS）模式以其独特的"消费者定制"理念脱颖而出。这一模式打破了传统生产流程的固化模式，将消费者的个性化需求置于首位，通过反向驱动生产和服务提供，实现了市场需求的精准对接与高效满足。C2B 模式的兴起，不仅为消费者带来了更加贴合个人喜好的产品和服务，也为企业的创新发展提供了新的思路和方向。第四，C2C（CUSTOMER-TO-CUSTOMER）模式作为消费者之间的直接交易平台，为闲置物品的再利用与价值的最大化提供了可能。个人卖家可以在网络平台上轻松开设店铺，展示自己的商品或手艺，与潜在买家进行直接沟通与交流。这一模式不仅促进了资源的有效配置与循环利用，还为小型创业者提供了一个低门槛、高效率的创业平台。第五，O2O（ONLINE-TO-OFFLINE）模式以其线上线下融合的独特优势，为传统行业带来了前所未有的发展机遇。通过 O2O 模式，消费者可以在线上享受便捷的浏览、比价、支付等服务，然后到线下实体店进行亲身体验或取货。这种无缝对接的购物体验不仅提升了消费者的满意度和忠诚度，还为商家带来了更多的客流量与销售额增长机会。同时，O2O 模式也为传统行业的转型升级提供了有力支持，推动了商业模式的不断创新与发展。

电商平台的崛起促使了云仓这种新型供应链模式的发展和普及，通过技术创新和服务优化，云仓为电商平台提供了更加灵活、高效的仓储管理解决方案，助力其实现快速发展并保持竞争优势。

### 1.1.2.2 消费者个性化需求增加及体验提升的需要

随着消费者对产品个性化需求的日益增加，白酒企业需要更加灵活地调整产品组合和库存策略。云仓凭借数据分析和预测算法，能够助力企业快速响应市场变化，满足消费者个性化的需求。

消费者对快速配送和准时送达的需求日益增长。云仓通过分布式的仓库网络和智能化的库存管理系统，能够更快速地处理订单并规划最优的物流路线，从而实现快速配送，提升消费者的购物体验。

消费者希望能够实时了解商品的库存情况和订单的处理状态。云仓通过实时更新库存信息、提供透明的订单跟踪和即时通知服务，增强了消费者对订单进程的掌控感，提升了购物的透明度和信任度。

消费者对灵活的配送选择（如定时送达、自提点取货等）和便捷的退换货服务提出了更高要求。云仓通过设计灵活的配送方案和优化退换货处理流程，充分满足了消费者的个性化需求，提升了购物体验的便利性和满意度。

消费者越来越希望能够享受到个性化和定制化的购物体验。云仓运用智能化的数据分析和人工智能技术，能够预测消费者的购买偏好和行为习惯，为电商平台提供个性化推荐和定制化服务，从而提升消费者的购物体验和满意度。

消费者体验的不断升级成为推动云仓发展的重要动力，促使云仓不断优化技术和完善服务，以满足消费者对快捷、透明、便捷和个性化的购物体验需求，进而增强电商平台的竞争力并扩大市场份额。

## 1.1.3 全球化运营和市场扩展需要

在全球化背景下，电商平台和零售商面临着跨境销售和国际物流的双重挑战。云仓通过建立全球化的供应链网络，整合多个国家和地区的仓储设施和物流资源，实现跨境订单的高效履行和快速配送。

全球化市场带来了市场需求的多样性和变化性。云仓通过灵活的供应链管理和优化的库存管理系统，能够快速调整库存配置和物流策略，满足不同国家和地区消费者的需求，提升供应链的灵活性和适应性。

为应对全球化市场对降低国际物流和运输成本的需求，云仓通过优化物流路线、采用多式联运策略和合理选址，降低运输成本、提升运输效率，从而降低全球化运营的总体成本。

全球化运营要求企业遵守各国的贸易法规和关税政策。云仓通过了解和遵守不同国家和地区的法律法规，确保国际贸易活动的合规性，有效规避法律风险，以保护企业的利益。

### 1.1.4 技术发展需要

随着物联网（IoT）和大数据技术的发展，云仓能够实时监测和管理库存。传感器和射频识别（RFID）技术帮助实现了库存的自动识别和跟踪，减少了人为错误和库存遗漏，提高了库存管理的精确度和效率。

自动化技术，如自动分拣系统和机器人仓储系统，能够加快订单处理速度并提升准确性。这些系统能够自动处理订单的拣选、打包和分拣流程，减少人工干预，从而提高订单处理的效率和精确度。

云仓利用数据分析和人工智能技术，不断优化物流路线和运输方式。通过预测需求、分析交通状况和优化配送路径，云仓能够减少运输时间和成本，提高配送效率和服务质量。

技术创新使云仓能够实现全面的安全监控和管理。利用视频监控系统和智能安防技术，云仓能够实时监测仓库内外的安全状况，及时发现和应对潜在风险。自动化和智能化技术的运用，使得云仓能够更快速、更精准地响应客户需求和处理异常情况。例如，智能客服系统和实时数据分析的结合，能够助力云仓及时处理客户咨询和投诉，提升客户服务的响应速度和质量。

随着技术创新和智能技术的发展，云仓得以从传统仓储模式转变为高效、智能的供应链管理模式。这些技术革新不仅提升了云仓的运营效率和服务水平，还为电商平台和消费者带来了更加快捷、可靠的购物体验。

### 1.1.5 可持续发展需要

可持续发展要求降低能源消耗和碳排放。云仓通过优化仓储和物流流程，采用节能设备和技术（如节能照明、智能控制系统），有效降低能源消耗，从而减少对环境的不利影响。

可持续发展倡导减少运输过程中的碳排放。云仓通过优化物流路线、提升运输效率和采用环保型交通工具，降低物流活动对环境的负面影响，减少物流碳足迹。

可持续发展强调资源的最大化回收和循环利用。云仓通过优化包装设计和材料选择，推广使用可回收和可降解的包装材料，减少包装废弃物的产生，促进资源的循环利用。

可持续发展是企业社会责任的重要组成部分，能够提升企业的品牌形象和市场竞争力。云仓通过实施可持续供应链管理，能够增强企业在消费者和合作伙伴中的信任度和认可度。

越来越多的国家和地区出台了环境保护和可持续发展的法规和政策。云仓通过遵守相关法规和政策要求，积极响应政府的可持续发展倡议，不仅能避免法律风险，还能获得政府的支持和优惠政策。

### 1.1.6 供应链优化和智能化管理需求增加

随着消费者需求和市场变化的快速发展，白酒行业对供应链的高效管理要求越来越高。传统的仓储管理方式可能存在效率低下、信息不透明等问题。云仓作为一种新兴的供应链管理模式，可以通过对信息技术的应用，实现供应链的透明化、智能化管理，提升供应链的整体效率和反应速度。

### 1.1.7 数据驱动决策和实时监控的需求

云仓建设可以实现对白酒产品的实时数据采集、分析和监控，帮助企业更好地了解市场需求、产品流动和库存情况，从而做出更精准的生产计划和库存管理决策。

### 1.1.8 线上线下一体化的营销和销售模式

白酒行业正逐渐向线上线下一体化发展，云仓作为线上销售平台和线下实体店的库存管理中枢，可以实现库存的共享和整合，提升销售渠道的灵活性和响应速度。

综上所述，结合国内外发展趋势来看，白酒产品云仓布局的核心驱动力在于利用先进的云计算和物联网技术，推动仓库管理向智能化、高效化和可持续化方向迈进。国内外都在加速推进数字化转型和供应链的智能化发展，以应对市场的快速变化和消费者需求的个性化发展。云仓技术的应用，不仅能提升生产效率和物流运作的精准度，还能精准、及时地应对供应链管理的智能化需求、数据驱动的决策需求、线上线下一体化的营销模式以及消费者日益增长的个性化需求。

## 1.2 研究目的

本书致力于运用科学的仓储位置规划和运作流程优化策略，旨在实现成本降低、服务水平提升、风险管理的综合目标，进而提升供应链效率，满足不同地区客户的需求，促进企业实现可持续发展和竞争力的提升。

本书通过市场调研和数据分析，并利用物联网、大数据、云计算和人工智能等技术，结合白酒企业的业务需求和现有资源，设计白酒产品云仓网络架构，构建白酒产品云仓模式，完善以市场需求为导向的业务流程数字化管理体系，为白酒企业建设智慧云仓、建立中国白酒供应链物流管理体系提供理论基础，促使白酒企业实现对仓储、配送、售后服务等全流程管理以及流程的智能化、信息化和可视化管理，提高产品的响应速度、准确度和透明度，促进"智慧物流"的建设与发展，为白酒行业的转型升级注入强劲动力。

## 1.3 研究意义

白酒行业的特性包括品类繁多、季节性需求波动显著等。云仓可以通过优化仓储布局和物流网络，提高供应链的响应速度和灵活性，有效降低库存成本，提高供应链管理的效率和效益。

白酒市场竞争激烈，消费者需求变化快速。研究云仓在提升白酒产品市场响应能力方面的应用，有助于企业迅速调整供应链策略和库存管理，以应对市场需求波动，提升市场竞争力。

云仓通过优化白酒产品的配送流程和库存管理，可以提升消费者的购物体验。例如，快速的配送、精准的库存预测和透明的订单跟踪，能够增强消费者对产品的满意度和忠诚度，促进品牌的长期稳定发展。

白酒行业正积极关注环保和可持续发展趋势。研究云仓在节能减排、资源循环利用和环境保护方面的应用，有助于推动行业实施可持续发展战略，减少企业对环境的负面影响，提升企业的社会形象。

云仓依赖于先进的信息技术，如物联网、大数据分析和人工智能。研究这些技术在白酒产品云仓中的创新应用和优化效果，可以推动技术创新，提升生产效率和管理水平。

综上所述，研究白酒产品云仓布局及优化策略，不仅有助于提升供应链效率、增强市场响应能力、优化客户体验，还能积极支持行业的可持续发展实践，并推动技术创新在白酒行业内的应用，最终促进行业的健康发展和竞争力提升。

## 1.4 研究内容与方法

### 1.4.1 研究内容

本书的研究内容主要包括：云仓的发展现状及云仓模式的可行性分析、白酒产品云仓模式设计、白酒产品云仓模式的实现路径、白酒企业应用云仓模式的保障措施等。

#### 1.4.1.1 云仓的发展现状及云仓模式的可行性分析

（1）云仓的发展现状分析

本书基于文献搜集、实地调研的结果，总结云仓的构成情况，并深入分析云仓模式运行所依赖的软硬件设施、仓配网络、信息技术等相关组成部分，将其与传统仓库的功能及在供应链中发挥的作用进行对比分析，针对两者在订单完成提前期、供应链反应速度、库存成本控制以及运营资金周转率等方面的表现进行对比研究，总结云仓所具备的优势。

（2）白酒供应链现状分析

本书分析了白酒供应链现状，剖析了各环节的运营状况，总结了白酒供应链发展所面临的瓶颈。具体来讲，本书总结了白酒供应链所具备的特性，包括组成上的复杂性、运输条件的高要求性、产品流通过程中的双向性、需求末端的不确定性等，梳理供应链需要着重关注与提升的环节，从而给出相应的对策。

（3）白酒产品云仓模式的可行性分析

由于白酒产品的终端品质深受酿造、生产、运输等供应链多环节因素的影响，其供应链显得尤为复杂。除了包含普通产品的供应链管理内容外，其包含原材料的特殊需求扩展了管理范畴，提升了管理标准的严苛度。本书结合供应链各环节的现状，通过系统地设计、规划、执行与监控，初步分析引入云仓模式的可行性与必要性，以及云仓模式对供应链整体绩效的影响。

### 1.4.1.2 白酒产品云仓模式设计

（1）云仓运营模式分析

本书基于对云仓现状的分析以及实际应用的调研，根据其构成情况及其特点，将现有云仓进行分类，分析不同类型的云仓特点。

（2）白酒产品云仓模式的结构设计

由于白酒产品云仓模式将供应链、仓储、物流、售前售后服务深度整合，因此，本书的研究搭建了一个集零售、在线订货、分销功能于一体的电商平台。该平台解决了线下批发和分销的烦琐问题，并提供商品浏览、线上下单、会员支付、分销管理、物流配送等一体化功能。

（3）白酒产品云仓模式的流程设计

本书分析了云仓在商品的正向流通环节，认为这些环节包含生产、销售、配送等。鉴于白酒产品的特殊性，本书认为云仓能够保障白酒产品的安全。此外，云仓的大数据技术为酒类产品的生产溯源提供了保障，提高了酒类产品的安全性。

### 1.4.1.3 白酒产品云仓模式的实现路径

（1）全国范围内的云仓布局

本书基于白酒行业数据，分析各个地区的需求特征，结合各地区的经济状况与发展趋势，在全国范围内筛选主要区域、主要城市建立中心仓库，再结合地区需求量选择城市构建分区仓库，进而形成全国范围内的仓库网络，最后通过集中的数据管理实现货物的就近配送和最优调度。

（2）构建信息平台，实现信息共享

大数据技术是云仓运营的核心技术，借助以往的销售信息，它不仅能够对未来一段时间内需求状况做出预测，进而将产品提前运输到各地区的分仓，而且能够智能分配订单，加快订单处理速度。此外，借助大数据技术，所有库存信息都呈现在云平台上，库存、顾客需求等所有相关信息都能进行查询，实现了信息共享。

（3）线上线下相结合，实现仓配一体化

白酒行业在全国的云仓布局和大数据技术的搭建与支撑，可加快实现全国范围内的仓配一体化。云仓通过整合自身资源与社会资源，降低成本、分摊风险，在全国范围内搭建起"仓库+配送"网络。白酒产品经由云仓平台直接运到各个区域的分仓，在消费者下单之后，直接由各地分仓发货，减少运输环节，缩短配送时间，大大提升了消费者购物体验。

**1.4.1.4 白酒企业应用云仓模式的保障措施**

（1）搭建与完善基础设施

云仓系统的运营离不开基础设施的支持。为建立覆盖国内大部分中心城市的云仓系统，应不断完善优化这一系统，旨在形成仓配一体化的高效网络结构。此外，应重视货物仓储系统和物流配送系统，以此满足企业自身销售物流需求，并为建立线上和线下融合的销售网络提供强有力的支撑。

（2）以大数据信息平台为交互手段

在大数据时代，传统信息数据平台因缺乏灵活性和可拓展性，已无法满足现代物流业的发展需求。云仓建设应结合物联网技术、大数据技术、云计算技术等先进技术以构建物流大数据信息平台。此外，积极促进供应链中其他成员的深度参与，实现实时分享信息流、商流、物流等信息，确保资源的及时、合理分配，从而提升竞争力，以在面对多变的市场时做出快速反应。

（3）加强供应链整合与优化

白酒产品供应链（如图1-1所示）由于其复杂性，上下游之间存在较为明显的断层，应加强对上下游环节的重视，利用云仓模式提供的物流一体化服务来提高整条供应链的协同性，力求服务范围的广泛与深入，与上下游建立深层次的合作伙伴关系，便于业务的拓展。

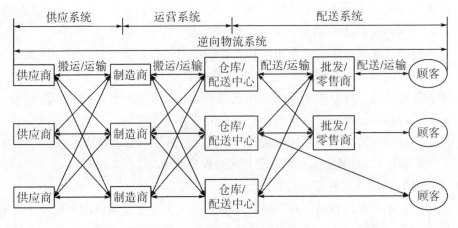

图 1-1　白酒产品供应链

### 1.4.2　研究方法

首先，本书利用文献研究法和深度调研，回顾关于云仓应用的既有文献和研究成果，同时对白酒供应链现状进行深度调研，把握白酒行业和云仓在实际发展中的现状；通过对云仓特点的归纳以及白酒供应链的瓶颈分析，研判云仓在白酒行业应用的可行性。

其次，本书利用模型分析法对研究问题进行分析；通过分析云仓选址的关键要素，设计多种情况下的云仓选址模型变体以应对不同需求，并引入额外变量对模型进行优化处理，将其转化为混合整数规划模型，同时添加约束条件以增强其实用性。随后，对模型进行求解，以此来确定最优的选址方案。

最后，本书利用案例分析法，参考白酒企业的实际运营场景，通过对位置、成本、需求量等核心信息进行分析整理，以及对基础设施指标、经济效益指标、运营参数等大量基础数据的挖掘，验证项目研究方案、优化模型等的可行性水平和实践应用能力，从而为白酒行业在全国范围内的云仓选址提供切实可行的方案。

## 1.5 国内外研究现状述评

在过去的 30 年里，关于仓库的研究不断丰富和发展。起初的研究大都集中于优化仓储策略来提升仓库周转率并降低成本；渐渐地，学者们将仓库作为供应链的一个环节进行研究，通过提升仓库内部各个环节（如订单处理、拣货、装货）的运营效率来提升整个供应链的绩效表现；最近 10 年，随着电子商务的不断发展，仓储领域面临着更复杂的需求挑战，如需求的不确定性增加、对即时交付的高要求等，迫使仓储加速转型升级。工业 4.0 时代的到来也为此提供了契机，仓库企业借助于云计算、物联网等信息技术来构建动态仓库网络，以更好地应对市场新需求。

### 1.5.1 国外研究现状述评

国外关于云仓的研究比较深入，学者们从云仓系统技术架构、云仓技术发展、云仓数据安全与创新、供应链整合、云仓可持续发展方向进行了研究。

#### 1.5.1.1 云仓系统技术架构研究现状

Yan Li 等（2019）探讨了为电子商务物流设计和实施基于云的仓库管理系统的方法和技术；强调系统集成、实时数据处理和客户体验优化在电子商务环境下提高了交付速度和服务质量。Antonio R. Diaz 等（2020）总结了云机器人技术和物联网在智能仓库中的应用，讨论了系统架构、实时数据处理和自动化控制，分析了通过云计算和物联网整合实现的智能仓库系统对运营效率和成本效益的提升。Chunxue Wang（2021）探讨了利用物联网（IoT）和人工智能（AI）技术设计和实施基于云的仓库管理系统的方法，并强调了通过数据分析和自动化技术可以实现仓库运营智能化并提高管理效率和准确性。Christopher F. Lu 等（2022）介绍了基于云的仓库管理系统的架构，探讨了其优势和应用场景，包括实时数据处理和跨地理位置管理，讨论了在云环境中部署和维护仓库管理系统所面临的技术挑战，同时提出了利用云计算技术带来的新机遇。Jianhui Wang 等（2023）讨论了基于云的仓库管理系统的架构设计，包括数据存储、计算资源分配和安全性控制，分析了在系统设计和实施过程中遇到的技术挑战，如系统集成、性能优化和用户接口设计。

以上研究为理解云计算、物联网和人工智能技术在仓库管理实践中的优势和挑战提供了重要参考，推动了云仓技术在工业和商业领域的发展和应用。

### 1.5.1.2 云仓技术发展研究现状

云仓技术的发展经历了三个阶段，即早期探索阶段、成长阶段、发展与成熟阶段。

云仓技术的早期探索阶段为 2010—2015 年。Feng L 和 Yuan Z（2011）提出了云仓的概念，探讨了其基本架构和初步应用，认为云仓能够提高仓储效率和降低成本。Zhang X 和 Wang Y（2013）分析了云仓技术的演变过程，并介绍了云仓在供应链管理中的潜在应用。

2016—2019 年为云仓技术成长阶段。Lee S 和 Park J（2016）通过案例研究，分析了云仓操作的优化方法，重点关注资源调度和数据处理技术。Kim H 和 Chen L（2017）探讨了云仓储技术的创新方法，特别是自动化和智能化在云仓中的应用。Nguyen T 和 Nguyen H（2018）研究了大数据分析技术在云仓储中的应用，讨论了数据处理和分析的优化策略。

2020 年至今为云仓技术的发展与成熟阶段。随着技术的成熟，云仓技术发展迅速。Smith J 和 Taylor K（2020）研究了区块链技术如何应用于云仓储系统，以提高其安全性和操作效率。Wang X 和 Li Y（2021）探讨了人工智能技术在云仓储中的应用前景和挑战，包括机器学习和智能调度等方面。Chen M 和 Zhou Q（2023）提出了绿色云仓的概念，研究了可持续发展技术在云仓储中的应用，旨在减少对环境的负面影响。

从早期的概念提出到近年来技术的优化和创新，云仓技术的发展展示了其在提高仓储效率、降低运营成本以及实现智能化管理方面的巨大潜力。

### 1.5.1.3 云仓数据安全与创新的研究现状

James A. Smith 和 Robert T. Wilson（2019）详细阐述了物联网技术在现代仓储中的应用，包括环境监测、设备管理和库存跟踪。通过 IoT 传感器，仓库管理者可以实时监控仓库内的各种参数，提高操作效率和响应速度；发现物联网应用中的数据安全和隐私保护问题，从而提出相应的技术解决方案。Michael S. Johnson 等（2020）探讨了云计算技术在仓储管理中的应用，强调云计算可以显著提升仓库的运营效率和管理灵活性。通过云平台，企业可以实时获取并分析仓储数据，优化库存管理和供应链决策。云计算可以降低 IT 基础设施成本和维护费用，使中小企业也能享受到先进的仓储管理技术。Linda M. Garcia 和 Thomas K. Brown（2021）探讨了人工智能和机器学习在仓库优化中的应用，包括需求预测、路径优化和自动分类。通过 AI 算法，仓库管理可以实现智能化决策，提高运营效率和准确性，预测 AI 在仓储管理中的未来发展趋势，包括更高水平的自动化和智能化。Sophia M. Lee 和 Jason R. Martinez（2021）重点探讨了大数据分析在云仓储中的应用，包括库存优化、物流预测和客户行为分析。通过大数据分析，企业可以做出更加科学和精确的业务决策，提升运营效率；发现大数据应用中的数据处理、存储和隐私保护问题，提出相应的解决方案。Emily J. Thompson 和 David L. Anderson（2022）分析了区块链技术在仓储管理中的应用，特别是在数据透明和安全方面的优势。区块链可以实现供应链各环节的数据整合，提高整体协调和管理效率。通过智能合约，企业可以自动执行事先设置好的仓储和物流操作，减少人为干预和错误。

云计算、物联网、人工智能、区块链和大数据分析在仓储管理中的应用可以提升效率和降低成本。这些研究不仅提供了理论基础，还提出了实际应用中的挑战和解决方案，为云仓技术的发展和应用提供了重要的参考。

### 1.5.1.4 供应链整合研究

国外学者关于供应链整合的研究主要集中在通过云仓实现全球供应链的优化管理，包括库存管理、物流调度和实时监控等。Martin Christopher（2016）强调供应链整合必须具备敏捷性，以快速响应市场变化和客户需求。敏捷供应链通过信息共享和协同合作，实现快速反应和决策。供应链整合需要有效的风险管理策略，以应对各种不确定性和突发事件。风险管理包括供应链可见性、应急计划和供应商关系管理。Jan Holmström 和 Jukka Hallikas（2020）认为信息技术（IT）是供应链整合的关键推动力。通过 IT 系统，供应链各方可以实现数据共享和实时沟通，提高合作效率和透明度。供应链整合需要建立强有力的合作伙伴关系。信任和共同目标是成功整合的基础，通过协同合作可以实现共赢。John Gattorna（2019）提出动态供应链模型，强调供应链应具备灵活性和适应性，以应对快速变化的市场环境。动态供应链通过实时数据分析和灵活的运营策略，实现持续的优化。他还强调供应链整合应关注人本主义管理，重视员工和合作伙伴的价值，以提升整体供应链的绩效和竞争力。Sunil Chopra 和 Peter Meindl

（2021）提出了供应链整合的多种策略，包括供应链网络设计、库存管理和物流优化。通过这些策略，企业可以实现供应链的高效整合和运营。其中，供应链协同被视为整合的核心，通过信息共享和协同决策，企业可以实现供应链的高效运作和资源优化配置。

#### 1.5.1.5 云仓可持续发展的研究

Mengxiang Li 等（2021）探讨了在云仓设计和运营中应用可持续发展原则的重要性，包括能源效率、环境友好材料的使用和资源回收利用，分析了通过物联网、人工智能和自动化技术实现云仓可持续发展的潜力，从而提高能源利用效率和减少对环境的影响。Ching-Torng Lin 等（2019）总结了在云仓操作中实施可持续发展策略的分类和挑战，包括能源管理、碳足迹和社会责任，强调了绿色物流在云仓管理中的应用，通过优化运输网络和减少包装废弃物来降低环境影响。Jing Luo 等（2020）对云仓中实施可持续物流和仓储策略的研究进行了全面回顾，分析了现有研究的主要成果和未来研究方向，提出了未来研究的议题，包括绿色供应链管理、社会影响评估和技术创新在云仓可持续发展中的应用。Julie M. Bartholdson 和 Arne Björnberg（2020）从设计和运营角度探讨了如何实现云仓的可持续发展，包括能源管理、建筑材料选择和废物管理；通过案例研究分析了在全球范围内实施可持续仓储实践的成功经验和挑战。

这些研究为推动云仓的可持续发展提供了理论基础和实践指导，使得企业在仓储和物流管理环节更加重视环境保护。

### 1.5.2 国内研究现状述评

国内关于云仓的研究主要集中在如何通过云计算和大数据技术实现仓储资源的整合与优化，涉及云仓系统的架构设计、数据处理机制的优化、高效算法的应用以及案例实践分析等方面。

慕艳平等（2019）认为，云仓是指分布在全国各地的仓储网络，它利用云物流平台强大的大数据分析技术，对物流进行连接，针对商品在不同区域、时段的销量做提前预测，将相应数量的商品提前备货到距离消费者最近的仓库，实现就近高效配送。江深（2020）从云仓模式的构成角度给出了云仓的定义，探讨了云仓模式下服务资源的优化配置和服务范围的问题，并从客户受众、交互手段和服务重点方面提出了对策。陈良勇以"掌合天下"为案例分析了云仓和供应链整合的运作模式，并为其进一步发展提出了建议。杨从平设计了基于云仓的两阶段快递配送网络结构和快递配送流程，并对云仓储的两阶段快递配送的时间和成本进行分析，肯定了云仓在配送方面所展现的规模经济优势。

总体来看，中国的云仓领域尚处于初级阶段，其研究与实践均展现出蓬勃发展的潜力。

# 2  云仓技术基础与发展

## 2.1  云仓的概念与特征

云仓（cloud warehouse）是一种利用信息技术来实现仓储资源共享和网络化管理的新型仓储模式。它通过将物理仓库与云计算技术相结合，实现仓储资源的虚拟化、集成与优化，从而提高仓储物流的效率，降低成本。

2013 年，"云仓"这一概念被人们熟知，2014 年，我国已经开始陆续实行各类云仓计划。云仓，即"互联网+仓储"，是面向仓配一体化的产物，是一种利用云计算以及现代管理方式进行货物流通的全新物流仓储体系产品。将物流配送环节与仓储环节衔接，能够更好地满足消费者对物流快速准确的要求，有利于企业保证其优势地位和核心竞争力。如图 2-1 所示，云仓由以下三个部分构成：

（1）基础设施层

基础设施层处于整个平台的最底层，将平台的所有软硬件资源设备包含在内，为整个云平台提供基础保障与支撑。其中包括与仓储物流相关的基础资源设备，能够提高仓储物流管理效率的智能识别设备，能够使物流设备网络互联的网络设施，以及能够实现资源汇集、调度的中央服务器。

基础资源设备，即为仓储部分、物流部分的原始资源。对于仓储部分来说，其包括的主要资源设备有：由企业控制和管理的分布式实体仓储库房、库房内划分的各库区、库区内多样化的立体货架（如标准规格货架、悬臂式货架等）、库房内存储的各类物资资源、库房内辅助货物移动和搬运的叉车等基础设施。对于物流部分来说，其主要包括的基础资源设备有运载货物的车辆等。

智能识别设备是为提高整个仓储物流管理的智能性、高效性而加入到系统中的。这些智能识别设备与基础资源设备配合使用。在仓储物流管理过程中，智能识别设备的应用在很大程度上简化了操作流程，并且提高了管理效率以及管理精度。在仓储部分，智能识别设备主要有：吸附于物质资源上的 RFID 电子标签（用于写入物资基本信息）、安装于库房出入口通道的 RFID 阅读器、安装于货架上的 RFID 阅读器，以及与控制计算机相连、负责控制 RFID 阅读器的软件系统。在物流部分，其包括的智能识别设备主要为装载于物流车辆上的 GPS 车载终端等。

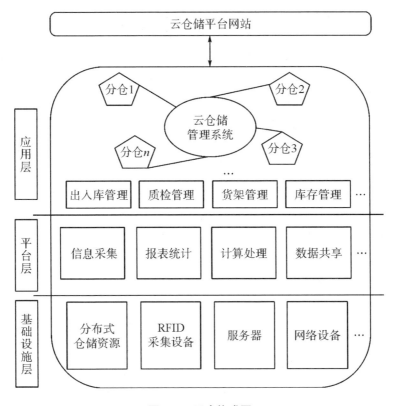

图 2-1　云仓构成图

网络设施与中央服务器将所有基础资源设备和智能识别设备紧密串联，形成一个全面的网络化资源系统，以便使各种资源管理能够在网络平台上运行。其主要包括：库房内 RFID 设备控制计算机所需要与其连接并经其向上发送数据的局域网路由器、对数据进行接收和转发的中间各级企业局域网路由器、仓储云平台管理中央服务器、仓储云平台管理计算机、对以上网络设备进行连接的以太网，以及物流部分传送数据所需要的 GPRS 通信网络。

综上，在基础设施层中，仓储部分和物流部分所包含的各类资源及设备，共同构建了一个完整的基础设备网络系统。

（2）平台层

平台层在整个体系中处于中间层次，其主要的工作是对数据进行收集、计算、统计等操作，因此，平台层与数据的分析处理密不可分，是一个虚拟的层次。

基础设施层通过应用 RFID 智能识别设备、GPS 车载终端等智能设备，获取货物的相关信息，如出入库房的物资信息、物资与所在货架的对应关系信息、物流车辆在运送过程中的位置信息等。智能设备直接读取或经由解析所获得的信息，通过中间各级局域网路由器或 GPRS 网络的转发，最终接入以太网，将信息传送给中央服务器。管理平台提供的具体服务需调用中央服务器中所接收的数据，经过一定的筛选或计算，最终呈现给服务需求者。在这个过程中所涉及的数据相关的操作，都属于平台层的职责范畴。

平台层是数据相关的层次，包括一个信息资源库，用于存储基础设施层收集并上传的各类信息。信息资源库包含庞大的信息资源，信息量会随着基础设施的扩展而增多，不仅包括基础设施层的一些固有属性的信息，当基础设施层具备实时监控的功能时，还会实时更新和监控相关的部分信息。

云计算是一种托管技术，在互联网内将硬件、软件、资源统一起来，实现数据的计算、储存、分析和共享。云的概念可以简单地理解为基于云计算技术，其本质是互联网共享，实现各种终端设备之间的互联互通。也就是说，用户所享受的所有资源，全部由一个储存和运算能力超强的后台提供，而这个后台就是"云"。这是云仓运营的核心技术，也是云仓与传统仓储最大的区别。面对海量的碎片化订单，科学技术为物流服务商提供了便捷高效的技术支持。当云仓与客户企业建立合作关系后，双方数据实现对接互通。利用这些数据，云仓会预测客户企业在未来一段时间的销售情况，从而进行更加精准、合理的备货，减少成本，实现渠道下沉，提前将货物运输到各地区的分仓中，以便更好地满足客户需求。

（3）应用层

应用层作为整个体系的最高层，直观体现了整个平台的功能性，其按照用户的需求，将服务进行打包封装，最终呈献给用户。云平台将所有分仓的信息集中于同一平台中，同时又分别对每个分仓提供独立的仓储管理服务。同时，具有最高权限的管理员通过同一平台可以按需查看所有分仓当前的物资运作情况。云仓储管理系统包括货架信息展现、入库信息管理、出库信息管理、库存统计、物流跟踪、物流信息管理、物流调度管理等功能。一般来说，云仓的信息管理系统包括中央系统、订单管理系统与仓库管理系统。

订单管理系统（OMS）作为物流管理系统的一部分，通过对客户下达的订单进行管理、追踪，动态掌握订单的进展及状态，从而提升物流的作业效率，以便节省运作时间和作业成本，提高物流企业的市场竞争力。订单管理系统是物流管理链条中不可或缺的部分，通过对订单的管理和分配，使仓储管理和运输管理有机结合，稳定有效地使物流管理中各个环节充分发挥作用，使物流各环节成为一个有机整体，满足物流系统信息化的需求。

仓库管理系统（WMS）是一个实时的计算机软件系统，它能够按照运作的业务规则和运算法则，对信息、资源、行为、存货和分销运作进行更完美的管理，提高效率。WMS软件除了对仓库作业的结果进行记录、核对和管理外，最大的功能是对仓库作业过程的指导和规范：不仅对结果进行处理，还通过对作业动作的指导和规范保证作业的准确性、速度和相关记录数据的自动登记（记入计算机系统），从而提高仓库管理效率、管理透明度、真实度。

订单管理系统接入消费者订单后，智能匹配到距离消费者最近的分仓，随后仓库管理系统实施仓内操作，完成出库发货，就近完成配送。分仓定期向中央系统反馈库存状况，当库存不足时，即向客户企业发出补货信息或者在仓间进行调拨。

云仓为"线上平台+线下实体仓库"的运营模式提供了基础。综合分析云仓的结构后，本书总结出云仓具有以下三个特征：

（1）高效性与灵活性

仓储体系遍及全国，因此仓储是非常分散的。云仓通过采用先进的信息技术，实现了对商品的实时监控和管理，从而提高了仓储和物流的效率。云仓可以根据不同的需求进行灵活的调整和变化，满足不同客户的需求。云仓并不仅仅是仓储的概念，而是仓配一体化，旨在使整个供应链更加扁平化。

（2）低成本

云仓采用共享经济的模式，可以将仓储和物流等资源进行共享，降低成本。云仓体系内共享各处库存，进一步减少了安全库存量。一般来说，分仓增加会使整个供应链系统中的库存总量增加。但在云仓体系中，干线快速调拨能力和信息系统强大的订单选仓能力，可以实现各分仓的库存共享，从而减少整个供应链系统中的库存量。

（3）数据化

云仓通过信息化技术实现了对商品的数据化管理，从而可以实时掌握商品的库存、销售等情况，进而可以提前将库存布局到离消费者最近的仓库。

云仓通过其高度的集成性、灵活性和智能化，为企业提供了一个高效、经济、可扩展的仓储物流解决方案，尤其适合电商、跨境贸易等需要快速响应市场变化的行业。云仓将分散的物理仓库通过信息技术虚拟化集成，形成一个大型的虚拟仓库网络，实现资源的共享和优化配置，具有虚拟化和集成化的特点；企业可以根据业务需求快速调整仓储空间和服务，无须为扩展物理仓库投入大量成本，具有灵活性和可扩展性的特点；通过云计算平台，企业可以实时监控库存状态、物流动态等信息，提高管理透明度和效率，具有实时性和透明性的特点；结合物联网、人工智能等技术，云仓可以实现智能化库存管理、自动化拣选配送等高效操作，具有智能化和自动化的特点；相比传统仓储，云仓通过共享经济模式减少了空间浪费，降低了仓储和物流成本，具有明显的成本效益。

云仓在企业应用中优势明显，具体包括：自动化和智能化的操作减少了人工错误，加快了仓储处理速度，从而有效地提高了效率；减少了固定资产投资，通过优化仓储布局和提高空间利用率降低成本；企业可以根据市场需求的变化快速调整仓储资源和物流服务，灵活性大大增强；云仓平台的数据共享和分析功能，加强了供应链各环节之间的协同作用；实时库存管理和快速响应物流服务能够满足客户个性化需求，提高客户满意度，改善客户体验。

## 2.2　云仓技术的发展历程与发展趋势

### 2.2.1　云仓技术的发展历程

云仓技术的发展历程是信息技术与物流仓储业务深度融合的结果，它经历了从传统仓储到现代云仓储的演变过程。这一过程不仅反映了技术进步对物流行业的影响，也体现了市场需求的变化对物流模式创新的推动作用。云仓技术经历了以下六个发展阶段：

2.2.1.1　第一个阶段：人工仓储阶段

该阶段的主要特点是：物理仓库分布零散，信息孤岛现象严重，库存管理主要依靠人工操作，效率低下，成本高昂。人工仓储阶段是仓储系统发展的原始阶段，在这个时期，仓库货物的输送、存储、管理以及控制基本都是依靠人工来完成的。人工仓储作为一种通过大量人力进行仓储管理的工作方式，主要依赖人的操作来完成货物的搬运、上架、分拣等各种作业。由于当时所处的环境以及社会生产力低下，人工仓储的发展受到社会经济形式的制约，如缺乏现代化科技、交通条件较差等，尽管如此，利用人工的方式具有投资少、收益快的优点，促进了物流的发展。然而，以现在所处的环境来看，人工仓储时期的工作效率较低，且人工操作较易出现差错，仓库易出现货损、货差等问题。总的来说，人工仓储阶段难以实时掌握库存信息，物流成本也相对较高。虽然人工仓储的运营效率较低，但仍具有重要的经济意义和历史价值。

2.2.1.2　第二阶段：机械化仓储阶段

在对货物的搬运、运输以及管理方面，机械化阶段不再单纯依靠人力，而是机械辅助人工来共同完成作业。货物可以通过传送带、搬运车、堆垛机、叉车等机械化设备驱动货物的运动，人工则负责完成货物的存储和取出工作。机械化满足了对精度、数量、重量以及搬运等各方面的要求，相较于人工仓储阶段更先进一步，能够有效提升仓库的作业效率，并降低对人工的依赖性以及员工的疲劳度。同时，随着自动存储和检索系统技术的发展，初代仓储管理体系开始逐渐融入此阶段的仓储运营当中。仓库管理上应用现代化的软件进行数据管理、库存监管、物流配送、安全管理等。因此，机械化仓储阶段是仓储业向现代化迈进的阶段，不仅解决了人工管理效率低下等问题，而且极大地提高了仓储业的经济效益和社会效益，推动了仓储业的快速发展。

### 2.2.1.3　第三阶段：自动化仓储阶段

从机械化仓储阶段过渡到自动化仓储阶段主要是自动化技术的发展应用的结果。在这一阶段，自动化设备投入到仓库的使用当中。20世纪50年代，AGV小车、自动货架、自动存取机器人等相继问世，在此之后，自动识别系统以及自动分拣系统被研发出来。到了20世纪70年代，旋转式货架、移动式货架、巷道式堆垛机等自动化设备开始被应用到仓储物流行业。随着计算机技术的发展和应用，这一时期的总体效益远超先前时期的效益。自动化仓储阶段始于20世纪90年代，是利用现代化的技术手段实现全自动化管理和运营的时期。在此时期的仓储运营方式主要是依靠自动化设备进行操作、控制和管理的，如无人搬运车、自动输送线、智能堆垛机、自动化码垛机器人等。智能型仓储管理系统能够实现全系统化的实时控制和数据监管，以达到高效、安全、可控的目的。自动化仓储阶段将仓储业的效率提升到了新的层次，有效节省了人力资源，降低了管理成本，提高了物流有效性和精准性。总的来说，自动化仓储阶段是对数据进行分析利用的阶段，它不仅体现了人、机、信息一体化的发展方向，也是企业实现高质量、快速响应、节约运营成本的重要手段。

### 2.2.1.4　第四阶段：集成自动化仓储阶段

集成自动化仓储阶段是在自动化仓储阶段技术基础上，进一步集成各种智能化技术，实现全流程数字化、网络化、智能化仓储管理和运营的时期。集成自动化仓储是在全球产业转型和数字化浪潮背景下的重要产物。在人工智能、大数据、云计算等技术的支持下，仓储系统中的各个环节可以互联互通，形成"智慧型"的仓储系统。在此阶段之前，以往的自动化技术通常单独地运营在一个仓库的环境中，各个系统之间缺乏通信能力，需由人工对各自系统进行信息整合。随着自动化技术运用到生产和分配过程越来越广泛，许多不同的领域可以同时进行自动化的改造。集成自动化仓储阶段打破了各个系统的信息孤岛问题，整合了上下游系统。集成自动化仓储阶段在自动化设备运用方面更为精细化和智能化，如全流程自动化管理系统、智能化RFID物联网技术、人工智能技术、虚拟现实系统等。这些技术的应用可以实现实时监控、预测性维护、实时安全监测等。集成自动化仓储阶段的运营效率进一步提升，同时也带来了更高的安全性和精准度，提高了管理的灵活性和应变能力。全方位的网络化和智能化的系统，使得仓储企业可以随时随地了解运营状态和库存信息，从而实现更加高效的管理。总的来说，它不断地用数字技术和智能化技术推动着仓储业的高质量发展，为仓储业实现高效的运营和增长提供了全新的途径。

2.2.1.5 第五阶段：智能仓储阶段

智能仓储阶段是在自动化仓储阶段的基础上的深入研究，其利用大数据、人工智能、物联网等新兴技术，实现仓储管理和运营的全方位数字化、智能化、个性化，标志着仓储业朝着智能方向发展。与先前的仓储技术相比，智能仓储技术的应用让企业能够实现更高效的交付和流程管理，以及更个性化的运营和定制服务。智能化存储的出现主要得益于人工智能的飞速发展，使得板块之间、系统之间的数据实现共享，从而更好地处理工作问题。随着科技的蓬勃发展，计算机行业、物联网行业等飞速发展，目前已有大量的智能产品出现并运用到实际的生产生活当中。物联网技术、云计算技术进入仓储领域，通过积累的数据进行小范围的预测和计算。随着人工智能技术的发展，仓储技术也朝着更高阶段发展。智能仓储主要运用软件技术、互联网技术、自动分拣技术、光导技术、射频识别、声控技术对仓储进行有效计划、执行和控制。

智能仓储是在全球物流业、制造业数字化和智能化背景下的必然产物。利用智能化技术整合并提升企业的供应链管理，优化物流效率，降低成本，提升顾客体验的价值已经得到越来越多的认可。智能仓储阶段采用了更为智能的管理模式，通过大数据、人工智能、机器学习、区块链等技术实现数据智能的准确分析，及时反馈仓库的实时流量状况、库存数量、快递运输效率等，从而实现整个仓库的数字化管理，以及仓储供应的可视化、透明化和智能化。智能仓储阶段的运营效率大大提高，通过数据分析构建了全方位的精准、高效、可靠的运营系统。更为重要的是，智能仓储通过将数据与智能管理结合，可以实现更高水平的个性化服务和定制化服务。总的来说，智能仓储是仓储业未来的主流发展方向，相比传统仓储技术，它在效率、安全、灵活性等方面有着显著的优势，同时也提供了更高水平的个性化服务和定制服务，可以满足不同需求的客户。随着智能科技的不断发展，智能仓储的应用将变得越来越全面和深入。企业开始采用电子数据交换（EDI）、企业资源计划（ERP）系统等信息技术，改进仓库管理，提高了效率。

### 2.2.1.6 第六阶段：云仓模式的兴起

云计算、大数据、物联网（IoT）、人工智能（AI）等技术的发展，为仓储物流行业带来了革命性的变化。云仓模式通过虚拟化技术，实现仓储资源的网络化、集中管理和优化配置，实现了资源共享；运用 AI、大数据分析等技术进行智能化库存管理、需求预测和物流调度；提供按需仓储服务，减少企业固定投资，增加业务灵活性；构建全球性的仓储网络，支持跨境电商等国际贸易活动。

## 2.2.2 云仓技术的发展趋势

### 2.2.2.1 云仓数字化建设技术趋势分析

随着我国仓储物流的快速发展，伴随而来的是人力成本的持续增加，以及对仓储物流效率要求的不断提升。在这样的背景下，发展智慧仓储物流、降低人力成本、减少仓储费用、提高仓储物流效率已成为企业发展的必由之路。近年来，随着科技高速发展，移动互联网、大数据、云计算、物联网、区块链等新技术在仓储物流领域广泛应用，网络货运、云仓、无接触配送等"互联网+"高效仓储物流的新模式新业态不断涌现。这些新技术不仅为降低仓储物流运营成本、提高作业效率提供了有力工具，也为企业云仓数字化建设奠定了坚实的技术基础。

云仓数字化建设涉及众多技术应用，其中云计算是云仓基础设施的核心技术。云计算为云仓提供了高度可扩展的分布式云服务，使得云仓运营中可以按需扩展分布式存储空间、提高并行计算能力和网络带宽等资源。如图 2-2 所示，云计算处理能力、标准化的作业流程、灵活的业务覆盖、精确的环节控制、智能的决策支持，为云仓数字化建设提供了高可用性和高可靠性，使得订单、库存、物流等多源数据能够安全、高效地在云端存储、处理、分析，为物联网、人工智能、大数据挖掘等云仓技术的应用提供了强大的底层存储和计算支持。

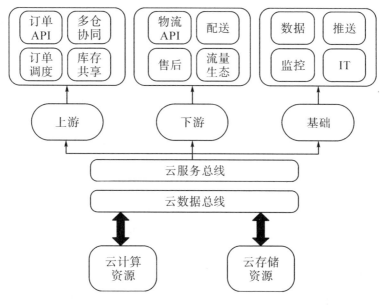

图 2-2　云计算平台结构

目前我国云计算技术发展相对成熟稳定，云计算解决方案丰富、可定制化程度高，其主要由互联网大企业占据绝大部分市场份额，如国内的阿里云、华为云、腾讯云，国际的亚马逊、微软、谷歌等。这些云服务提供商均可以为企业提供定制化云服务解决方案。例如，阿里云的智慧物流解决方案，通过结合物联网技术实现物流园区能耗、人车门禁、防灾等智能化感知控制，有效提高仓管配送效率，实现全流程数字化、全过程的可追踪可溯源；在驿站末端采用边缘计算、图像、视频 AI 等技术，实现全流程高效控制。华为云的高度综合供应链管理平台解决方案，融合供应链管理、智能云仓、智慧物流等多个云上业务系统，实现云上统一运维管理，保障数据安全。云计算与人工智能、物联网等技术的深度融合，将进一步释放云仓的潜力，使得企业能够以更快的速度和更高的效率挖掘数据价值，支持企业顺利完成云仓数字化建设。

物联网技术是云仓数字化建设的重要技术支撑，是现代物流仓储管理模式的技术驱动力。物联网将物理世界中的各种智能设备、传感器和物品通过互联网连接起来，实现信息的互通和交流，从而为实现更加智能化的仓储物流服务提供数据基础。在云仓建设中，利用物联网技术可以实时捕捉云仓内各类资源的状态，包括人员、设备、设施、库存、订单等，通过这种状态的捕捉，即时获取仓储物流线上数据，监测仓储物流全流程动态。

在此基础上，将所有物联网数据汇总到云仓平台后，应用大数据、人工智能等技术实现精准需求预测、流程异常监测、高效协同调度。我国物联网产业链已经形成闭环式发展，从平台层、网络层到感知层，均有相当数量的基础设施提供商以及成熟的行业解决方案。平台层有阿里云、华为云等云服务商，中国移动、中国电信等通信供应商；网络层有广和通、移远等蜂窝通信模组厂商，华为、思科等通信设备厂商，长光卫星、中国航天科技集团等卫星互联服务商；感知层有歌尔微、赛威电子等 MEMS 传感器厂商，远望谷、高德红外等 RFID 厂商，和而泰、和晶科技等智能控制器厂商。因此，通过物联网技术，云仓可以实现对白酒产品物流运输和仓储过程的实时监控，包括白酒产品的定位、温度、湿度、重量等信息的采集和传输，提高仓库的运营效率和安全性；实现对白酒产品库存的实时监控和管理，包括对酒品数量、类型、状态等信息的采集和传输，帮助仓库管理人员实时掌握库存情况，提高库存管理的精度和效率；实现对仓库资源的实时调度和优化，包括对设备、工人和物流运输等资源的实时监控和管理，提高仓库的资源利用率和整体运营效率。

此外，人工智能技术在云仓中的应用越来越广泛，成为推动仓储物流向智慧时代迈进的新引擎。人工智能技术通过收集与选址任务和目标相关的丰富历史数据，结合大数据技术挖掘对云仓仓储选址决策有指导意义的知识，建立一个基于大数据的人工智能选址决策系统；通过机器视觉技术，结合物联网抓取实时数据，继而通过品牌标识、标签和 3D 形态来识别物品，大大提高仓库的运作效率；通过人工智能技术进行预测性运输网络管理可显著提高物流业务运营能力；利用机器学习等技术来自动识别物流运行场景内的人员、物、设备、车辆的状态，学习优秀的管理和操作人员的指挥调度经验和决策等，逐步实现辅助决策和自动决策。正是有了人工智能的加持，云仓才有了智能化的属性，帮助云仓提高运营效率和服务质量，降低成本，监测风险，推动云仓的智能化、数字化和可持续发展。目前人工智能技术在我国政府、金融、互联网、零售等领域的人机对话、远程作业、质控风控、营销运营、决策支持等诸多环节存在不同程度的应用。无论是从基础层的硬件设施、数据资源，到技术层的算法、框架，再到应用层的行业解决方案，均有较深厚的技术积累。其中涌现出了很多优秀的人工智能企业，如地平线、商汤科技、旷世、科大讯飞等。

以下以京东为例，说明数字技术在云仓中的应用及其取得的成果。京东云仓平台是京东物流创新推出的新型物流仓储服务模式，它不同于传统仓储和电商仓，是京东物流与符合其要求的第三方仓储资源商进行合作，由京东提供云仓平台+WMS（仓储管理系统）+TMS（运输系统）+库内作业标准的仓库规划、系统、运营等一整套物流解决方案，由合作方提供仓库、运营团队、作业设备的一种运营模式。京东云仓平台实现了仓库管理系统、智能仓储系统、仓储设备系统、仓储物流系统等多种仓库系统的融合，打造出一套高效的云仓系统，提供灵活、高效、安全的服务。其利用人工智能技术对仓库管理进行智能化处理，包括运输规划、智能盘点、商品分类等；引入物联网技术，通过无线传感器实时监测仓库内物品的温度、湿度、光照等环境参数，并实现对货物的远程监控和管理；运用区块链技术实现了数据的不可篡改，对货物信息、质量信息、运输信息等方面的数据进行记录和追溯；通过大数据分析和物流规划等手段实现了仓库内物流的智能化管理。

综上，云计算为云仓提供高性能计算和存储资源，大数据和人工智能用实现数据分析和决策，物联网技术助力实现物品的监测和管理，通信技术连接内外系统，控制技术确保实现智能化控制和管理。这些技术共同作用于云仓，实现了仓库的数字化转型和智能化管理，提高了仓库的运营效率和安全性，为白酒企业的可持续发展提供了支持。

### 2.2.2.2 云仓的物联网技术趋势分析

物联网技术在云仓中具有广泛应用。亚马逊引入物联网技术，利用 Amazon loT Device Management 帮助用户登记、组织和远程管理物联网设备；利用 Amazon loT Core 将设备连接到云平台；利用 Amazon loT Greengrass 将本地计算、消息收发、数据缓存、机器学习推理功能引入边缘设备，以提高响应速度和降低成本；利用 FreeRTOS 适用于微控制器的物联网操作系统；利用 Amazon loT Device Defender 提供物联网设备的安全管理等，帮助企业在物联网应用中实现设备管理、连接、边缘计算、安全、事件检测和响应、数据分析等多个方面的功能。

京东也应用物联网技术，使其物流管理和仓库管理更加智能和高效。例如，云服务、物联网中心、物联网引擎、设备接入服务等技术可以实现设备和数据的互联互通，实现物联网的基础架构；物联网数据分析服务可以通过大数据技术对采集的物联网数据进行分析和挖掘，从而实现更加精准的决策和预测；安全服务能够保证物联网系统的安全性和稳定性；智能感知、边缘服务等技术能够实现更加智能化的服务。物联网技术的应用使得京东在物流、仓库管理等方面取得了优秀的成果。

以下介绍物联网技术在云仓中主要的应用：

（1）传感技术

信息采集是物联网的基础，目前应用比较广泛的信息采集方式是通过传感器、传感节点和电子标签等方式。压力传感器、位移传感器、温度传感器、电流传感器、电压传感器等都是常见的传感器。

针对白酒产品的性质，在仓储物流的监控方面，可以通过光敏传感器实时检测仓库照明情况；通过重量传感器实时检测仓库内白酒产品重量，实时追踪装卸情况；通过位置传感器实时检测产品位置和移动情况，减少产品遗失被盗风险。

传感技术示意图如图 2-3 所示。

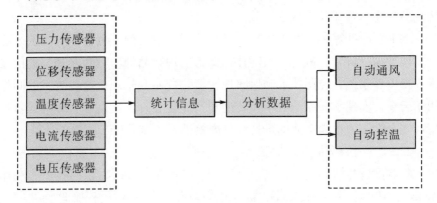

图 2-3　传感技术

（2）RFID 技术

RFID（射频识别）技术通过无线射频方式进行双向数据通信，对目标对象加以识别并获取数据。随着制造环境和生产方式的改变，以及电子商务的爆炸式发展，在仓储物流行业尤其是快递业中，仓库管理的物品种类和数量大幅度增加，出入库频率也剧增。在这种情况下，传统的仓储作业模式和数据采集方式已经很难满足企业的发展需要。RFID 技术的无障碍读取、可重复使用、数据容量大等特点，省去了大量人工录入的烦琐操作，极大地降低了人工成本，提高了工作效率；通过库位标签和货物标签可以实时获取货物的位置、种类、数量等信息的变动情况，从而高效且快速地完成收货、上架、分拣、发货、盘点等流程。利用 RFID 技术进行白酒产品的分拣，可以实现运输全程智能跟踪、减少运输的多业务交接环节、降低差错率和损坏率。

（3）卫星定位技术

GPS 系统、北斗卫星导航技术可以在全球范围内为用户提供高准确性、全天候的实时定位信息。随着通信和互联网技术的进步，导航定位系统的逐步成熟，越来越多的仓储物流企业运用卫星定位技术来提升企业自身的信息化程度，进而提高运行效率。在我国，基于北斗卫星导航技术可以实现车辆位置的实时跟踪以及获取实时道路信息等功能，如图 2-4 所示。这能够帮助白酒企业根据实际仓储情况，计算最佳物流运输路径，减少物流运输时间，降低物流运输成本。

图 2-4　北斗卫星导航技术

白酒企业在物联网领域的技术积累主要体现在其"智慧物流"工程上。利用相关物联网领域的技术积累，借助物联网数据智能采集、传输与处理等技术手段，白酒企业的信息化水平可以显著提升，从而实现标准化、自动化、精细化、准确化、实时化的智能白酒产品物流管理。RFID 技术和北斗定位技术在云仓中的应用如图 2-5 所示。

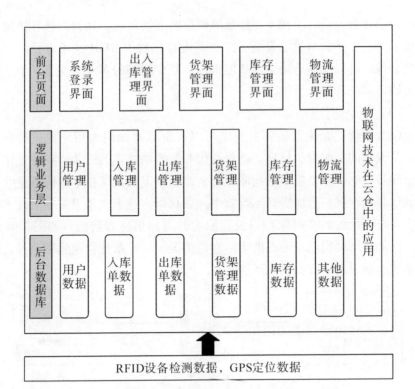

图 2-5　RFID 技术和北斗定位技术在云仓中的应用

### 2.2.2.3　云仓管理的监控技术趋势分析

监控技术在云仓管理中发挥着举足轻重的作用，贯穿于产品整个生命周期，为产品的安全生产、流通、销售提供保障。云仓的监控系统对产品的订单管理、仓库管理进行可视化，并对相关数据进行处理，包含多个子模块（见图 2-6），方便管理者实时掌握产品的情况。

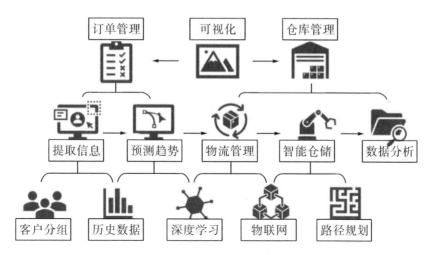

图 2-6　云仓管理的监控系统

（1）订单管理

订单管理是指在云仓系统中，对订单的接收、处理、分配和跟踪等全流程的管理。订单管理系统的基本原理是根据需求来确定未来的订单供应和生产计划。

订单管理系统通过利用历史订单和实时市场需求等数据，对来自不同渠道的数据进行处理和分析，通过数据挖掘、机器学习等大数据技术提取有用信息。具体而言，首先利用聚类算法和分类算法将客户和订单分组，以便更好地了解客户需求和预测订单量。其次，使用神经网络算法、支持向量机等算法来分析历史销售数据和市场趋势，预测未来的订单量。最后，利用库存管理系统来实时监测库存水平和订单量。这样可以识别订单的趋势和规律，提高订单预测的准确性，并根据不同的季节、促销活动等因素来调整订单的处理策略，提高订单的处理效率，使白酒企业更好地适应市场的变化，提高市场的响应速度和灵活性。订单管理系统可以更好地进行订单量的预测和库存的控制，减少库存堆积，提高库存周转率，从而更加灵活地应对市场需求变化，规避库存风险。

（2）仓库管理

仓库管理是指利用多种技术手段，包括订单管理系统、物流管理系统、智能仓储设备以及数据分析等，以实现云仓的高效管理。首先，基于上述订单管理系统，通过对订单的接收、处理、分配和跟踪等流程进行管理，实现准确预测订单量并控制库存。其次，根据物流管理系统，通过对数据的收集、分析和挖掘，实现对仓库运营的全面监控和管理，包括库存情况、出入库记录、货物状态等，从而更好地掌握仓库运营情况，及时安排货物的出库和配送，提高物流效率和准确性。再次，依托智能仓储设备，使用自动存储和拣选系统等大幅度减少库存堆积，提高库存周转率，减少人工操作错误和时间成本；使用机器人、无人车等智能设备则可以实现自动化运输、搬运和装卸操作，提高物流效率。最后，通过数据分析，对物流过程进行分析和优化，如优化物流路线、降低物流成本、提高物流效率等。同时，数据分析还可以提供各种统计报表和分析报告，帮助白酒企业制定更为科学的决策和策略。

（3）数据可视化

数据可视化是指将仓库内部的各种数据进行采集、整合和分析，并通过可视化的方式呈现出来，以便仓库管理员快速识别关键数据并据此做出决策。通过云仓系统的数据可视化模块，仓库管理员可以实时监控各个仓库的库存情况、订单状态、运输成本和仓库设备状态等关键指标，并生成相关的报表和图表。例如，通过地理信息系统（GIS）、深度学习和物联网技术等，白酒企业可以更清楚地了解仓库和订单的位置和分布情况。这有助于仓库管理员进行数据驱动的决策，并优化仓库运营效率，提高客户满意度。

#### 2.2.2.4 云仓调度与协同相关算法

云仓调度是一种基于数据分析和算法优化的仓库管理方式。它通过对仓库数据的分析，实现对仓库内货物的优化布局和分配，从而提高仓库的储存效率和物流效率。通过云仓调度，白酒企业可以实现对仓库货物的智能管理，快速准确地进行货物查询和提取，从而加快订单处理速度，降低物流成本。协同算法是一种基于智能算法的物流协同优化策略。它可以通过对各个物流环节的数据进行分析和优化，实现物流协同的最优化，从而减少物流过程中的成本和时间消耗。通过协同算法，白酒企业可以实现货物的精准跟踪和路径优化，提高物流效率，降低物流成本。

云仓协同调度算法由两部分算法构成：云仓订单分批算法和云仓任务分配算法。对于云仓订单分批算法，与传统仓储不同，云仓主要面向电子商务订单，因此订单的数量和其所含的品项数目、各品项数量都发生了极大的改变。云仓通过 RFID 技术及北斗定位等智能技术，采集各个仓库中的库存信息、订单信息和运输需求等数据，并进行预处理，包括数据标准化、归一化和清洗，以便后续的计算和分析。

订单分批是云仓调度协同算法中的一项关键技术，其主要目的在于提高系统的效率。订单分批通过将多个订单任务合并为一个批次，拣选人员可以在一次拣选中完成多个订单所需品项，从而减少单位订单处理时间并缩短拣选距离。在云仓系统中，分拣站台对每个批次的订单进行集中拣选，这样仓储智能设备在搬运储物货架时，可在一次搬运中同时完成多个订单任务，从而缩短仓储智能设备的行驶距离和排队等待时间。

为了实现对系统内所有订单的分批，可以通过以下五个步骤来完成：

（1）控制中心根据设定的订单阈值将所有订单分为一个或多个订单集合，以订单集合为单位进行分批，并对订单集合内每个订单信息进行统计。

（2）根据订单之间相似度构建相似度矩阵，并以此将相似度较高的订单分为同一批次，对订单集合中的部分订单进行初始分批。

（3）控制中心将已分批订单分配给分拣站台，同时调度仓储智能设备去搬运储物货架、开始拣选工作。

（4）当拣选人员完成某一订单并发送请求申请新订单时，控制中心通过计算订单集合内剩余订单与该分拣站台相似度，从中选择与之相似度最高的订单进行分批。

（5）当此订单集合内全部分批完成后，开始对下一订单集合进行分批，重复此过程即可实现对到达系统所有订单的分批。

为了最大限度地提升系统分拣效率，除了对订单进行合理分批外，还需要对已完成分批的订单进行科学的分配。云仓任务分配算法能够实现对任务的智能分配，从而提高云仓的运作效率。将任务分配给最合适的仓储智能设备，可以避免不必要的等待时间和行驶距离，提高仓储智能设备的利用率。此外，任务分配算法还可以实现对仓储智能设备的动态调度，根据设备的实时状态和任务情况进行合理分配，从而最大限度地增加仓库的吞吐量。为了实现云仓任务分配，提出了一种基于离散粒子群算法与差分进化算法的任务分配策略，通过将两种启发式算法相融合的方法，来快速高效求解出最优的订单分配方案。

云仓任务分配算法具体步骤如下所示：

（1）初始化。在可行解（待搬运储物货架序列）构成的搜索空间内，随机生成各个粒子的位置和速度，并对粒子种群规模、最大迭代次数及算法中相关参数进行设置。

（2）变异。根据变异思想，在搜索空间内随机选取其他三个粒子得到新的变异个体。

（3）更新。根据离散粒子群公式对各个粒子当前位置和速度进行迭代更新，此代粒子为交叉、选择的父代粒子，计算并记录种群极值与个体极值。

（4）选择。利用差分进化思想对粒子位置进行交叉和选择，保留优秀个体，通过不断迭代寻找最优可行解。

（5）终止。若达到设定的最大迭代次数则终止迭代，输出所得最优可行解，否则转至步骤（4）继续迭代。

该算法的主要思想是将离散粒子群算法和差分进化算法相结合，通过粒子群的迭代更新来搜索最优可行解。其中，离散粒子群算法用于对粒子位置和速度的更新，以求得个体最优解和群体最优解；差分进化算法用于对粒子的位置进行交叉和选择，以保留优秀个体并进一步趋近于最优解。

云仓调度与协同算法，可以实现对待搬运储物货架序列的有效分配，以提高云仓调度效率和资源利用率。同时，该算法还可以避免任务间的冲突和重复，从而提高系统的整体效率和性能。

## 2.3 云仓运维分析

### 2.3.1 云仓运维体系趋势分析

在组织架构方面，云仓运维体系的基础设施包括服务器与网络设备、存储设备、数据库、操作系统、应用程序，以及监控和警报系统等关键组件。对于云仓运维，应根据不同业务进行细分构建。例如，通常会设立云仓运维部门，该部门负责管理和维护云仓的基础架构和系统进程，能够制订并执行云仓的运维策略和计划。具体人员配备上，应包括系统管理员、网络管理员、数据库管理员等，分别负责监控和维护云仓的服务器、网络和数据库等基础设施，确保云仓的高可用性和稳定性。此外，企业还应设立一个技术支持团队，负责云仓各个环节的技术支持工作，及时解决相关协作部门的技术问题。同时，部门还应设立一个安全团队，负责确保云仓的数据安全、网络安全、其他信息安全问题等。团队还应设立一个数据分析团队，该团队负责利用数据分析工具和技术，帮助云仓提高运维效率、优化运维流程等。

在人员基础方面，云仓运维体系是一个高度专业化和技术化的领域，需要相关人员具备一定的专业知识和较强的信息安全意识。因此，加强人才培养和队伍建设是非常必要的。具体而言，云仓运维人员按职责划分可分为 IT 运维、云仓业务运维和云仓日常管理运维三类。集团可以通过内部培训、外部招聘等方式，提高云仓运维人员的专业能力和素质，保持团队的核心运维能力。企业要培养和引进具备扎实理论基础和丰富实践经验的优质的复合型管理人才，这些人才既能够综合掌握供应链管理、白酒产品、互联网信息技术等方面的专业知识，还能以此为基础，进行更深、更广的云仓运维技术探索。因此，复合型人才的发掘和培养成为白酒企业完善云仓运维体系过程中的重中之重。

在管理制度方面，云仓的正常运转需要相关运维管理制度的保障与支持。第一，制定合理的运维流程和管理规范，明确界定各个团队的职责和权限，确保整个运维过程的透明和高效。第二，建立有效的监管和预警机制，能够实时监控各项指标并及时发出预警，帮助运维团队更快速地发现和解决问题，从而减少系统故障的风险。第三，建立完善的灾备和备份机制，以保证能够在发生意外事件或故障时快速恢复系统正常运行，保障业务的持续性。第四，建立安全管理制度，包括对用户访问控制、系统漏洞管理、应急响应计划等多方面，以确保云仓的数据和系统安全，还需要对云仓系统进行定期的安全检查和漏洞扫描，及时修补安全漏洞。第五，建立运维培训和知识管理制度，确保部门成员的技能和知识水平始终紧跟业界发展，及时掌握新技术和新工具。

在运维风险控制方面，云仓系统掌握着仓储物流的全流程数据，因此运维系统必须具有完备的风控体系以预防潜在风险。其中，包括监控和报警系统、灾备和备份机制、安全管理制度、变更管理制度等，以保证云仓的高效、稳定和安全运行。同时，运维体系的架构和设计需考虑高可用性和容错性，确保系统具备扩展性和灵活性，可适应不同业务场景的需求。此外，针对具体业务流程进行深入分析，建立针对性风险控制策略，包括风险评估、风险预警、风险应对等环节，以确保云仓系统在各个业务运营中的稳定性和可靠性。

### 2.3.2 白酒企业运维体系现状分析

白酒企业在推进企业实现数字化转型的过程中，重点围绕着信息化基础管理、供应链管理、市场管理、运营服务管理四大业务领域开展信息化升级。信息化基础管理包括了云数据中心建设、数据治理与应用、园区网络升级、信息安全与运维体系完善等任务。其中，在信息安全与运维体系完善方面，着重强调了构建信息安全管理体系，基于云数据中心、大数据平台等项目，逐步构建运维体系，搭建统一运维平台。

五粮液集团公司（以下简称"五粮液"）作为中国顶级的白酒生产商之一，已经积极布局数字化转型，以提升其生产效率、销售能力及管理水平。其数字化转型不仅关注生产技术的革新，更涵盖了运维体系的全面升级。五粮液通过加强其信息化基础设施建设，包括数据中心的建设和云计算资源的应用，为其运维体系提供了坚实的数字基础。利用数字化技术，五粮液能够更好地监控生产流程，实现资源的优化配置。通过引入智能化运维管理系统，五粮液可以利用物联网（IoT）技术实现生产设备的实时监控与维护；通过大数据分析预测设备故障，提前介入维护，从而减少生产中断的风险。这种智能化的运维管理方式提高了生产的连续性和稳定性。五粮液通过数字化手段优化供应链管理，实现了原材料采购、生产计划、库存管理、物流配送等环节的数字化监控和管理。通过供应链管理系统（SCM），五粮液能够实时监控供应链的各个环节，及时调整生产计划，优化库存水平，降低成本。随着大量数据的产生和应用，五粮液加大了对数据安全和隐私保护的投入，通过建立严格的数据管理制度和使用先进的安全技术，确保了数据的安全并保护了消费者隐私。人才是数字化转型成功的关键，五粮液在数字化人才的培养与引进方面做出了积极努力。五粮液除了通过内部培训提升员工的数字化技能外，还通过外部招聘等方式引进专业人才，为企业的数字化转型提供了强有力的人才支持。

头部白酒企业拥有强大的技术团队和硬件基础设施，同时又有来自华为、中国移动、中国电信、中国联通等战略合作伙伴的技术服务支持。中国移动对基础设施、网络安全、应用数据库、运维现状和规范要求、容灾备份五大类共计近百项信息进行了采集和调研，构建了白酒企业业务应用的全景画像，为后续的全面业务迁移和备灾保护提供了支持。

泸州老窖股份有限公司（以下简称"泸州老窖"）在生产和运维过程

中全面使用数字化与智能化技术。比如，通过物联网技术实现生产设备的实时监控和维护，利用大数据和 AI 技术对生产流程进行优化，预测设备故障，实现智能化生产和维护；利用 ERP 系统和供应链管理平台来采购原材料、制订生产计划等，提高了供应链的效率和响应速度；通过建立数字化档案库，利用数字化手段记录和分析传统酿造工艺，不仅保护了传统文化，也为标准化和规模化生产提供了科学依据。同时，泸州老窖注重环境保护和可持续发展，通过采用清洁能源、循环水利用系统和废物回收利用等措施，减少对环境的影响；加强了对数据安全的重视，建立了完善的数据安全管理体系，确保了公司数据和消费者信息的安全；通过信息化管理系统提高了企业管理的效率和决策的精准度。

## 2.4 云仓技术的应用领域

云仓技术的灵活性和高效性使其在多个行业中得到应用，不仅能够优化库存管理，还能提高物流配送的效率，降低成本。以下是云仓在不同行业中的应用情况：

（1）电商行业

电商行业的快速发展对物流配送提出了更高的要求。云仓能够提供即时的仓储和配送服务，支持电商企业实现订单的即时处理和快速发货，特别是在促销高峰期间，能够有效缓解物流压力。云仓通过智能化管理系统，可以实现库存的实时监控和优化，减少库存积压，提高资金周转率。

（2）跨境电商行业

跨境电商行业面临着复杂的物流挑战，包括长途运输、清关、税收等问题。云仓能够通过在不同国家和地区设立仓库，实现货物的就近配送，缩短配送时间，降低物流成本。通过云仓服务，跨境电商企业可以更灵活地管理国际库存，提高海外市场的服务响应速度和顾客满意度。

（3）制造业

制造业企业通过云仓服务，可以实现原材料和成品的有效管理。特别是对于那些需要快速反应市场变化的企业，云仓能够提供按需生产的物流支持。云仓可以帮助制造业降低库存成本，优化生产计划，提高供应链的灵活性和效率。

（4）农业

农产品具有季节性强、易腐烂等特点，云仓通过提供恒温恒湿、冷链物流等专业化仓储服务，能够有效延长农产品的保鲜期，减少损耗。利用云仓网络，企业可以实现农产品从产地到消费者的直接配送，提高农产品的流通效率。

（5）医药行业

医药行业对仓储和物流的安全性、准确性要求极高。云仓可以提供符合良好生产规范（GMP）标准的仓储环境，确保药品储存、运输的质量和安全。通过云仓的智能化管理，医药企业可以实现药品的有效追踪和监管，减少过期药品的损失，从而提高供应链的可靠性。

## 2.5 云仓模式分析

仓储是现代物流的重要组成部分，在物流中起着相当重要的作用。仓储业的发展可以分为人工仓储、机械化仓储、自动化仓储、集成自动化仓储以及智能仓储五个阶段。智能仓储是在全球物流业、制造业数字化和智能化背景下的必然产物。企业采用智能化技术整合、提升企业的供应链管理等措施来提高物流效率、降低成本、提升顾客体验的价值已经得到业界的认可。智能仓储阶段采用了更为智能的管理模式，通过大数据、人工智能、机器学习、区块链等技术，实现数据智能的准确分析，及时反馈仓库的实时流量状况、库存数量、快递运输效率等信息，以达到整个仓库数字化管理，实现仓储供应的可视化、透明化和智能化。智能仓储阶段的运营效率大大提高，通过数据分析，能够使企业精准、高效、可靠地开展运营工作。更为重要的是，智能仓储将数据与智能管理结合，可以实现更高水平的个性化服务和定制化服务。总的来说，智能仓储是仓储业未来的主流发展方向，相比传统仓储技术，它在效率、安全、灵活性等方面展现出显著的优势，同时也提供了更高水平的个性化服务和定制化服务，以满足不同需求的客户。随着智能科技的不断发展，智能仓储的应用将变得越来越全面和深入。

随着社会发展的需要，政府相继出台政策，鼓励和支持物流业实现高质量发展。与此同时，智能制造上升为国家发展战略，智能仓储业已经迎来发展的黄金期。现阶段我国仓储业处于自动化和集成自动化的阶段，随着信息技术的不断发展，未来仓储业将会联合工业互联网技术向智能化升级。未来的仓储物流将更好地结合已经成熟的科学技术，打造物流资源平台，满足消费者多样化的需求，在高效灵活地完成物流工作的同时，更加注重低成本、数据化的工作方式，实现企业资产的最大化利用。仓储业不断向数字化、智能化方向发展，仓储的重要性不断提升。

云仓具有仓储物流管理、信息化管理、数据应用等多种功能，现阶段云仓模式的应用以电商行业为主，其他行业也有所涉及。云仓模式为电商企业提供仓储、配送等供应链下游优化服务，一次性解决电商企业在传统仓储模式下封闭性强、灵活性差的问题，以此来提升服务质量，优化消费者购物体验。对于其他行业来说，云仓模式也可以通过云计算等技术搭建一个信息平台，解决信息不对称问题，实现对各地仓库进行统一监管和高效调度。

### 2.5.1 平台云仓模式分析

平台云仓是指一些规模较大的商城平台布局其云仓储计划的一种仓储模式，通过各地各级仓储协同运作，提高了资源利用效率，缩短了物流时间，提高了客户满意度。以京东的云仓网络布局为例（见图2-7），京东云仓网络布局包括中小件、大件和冷链物流三个方面。京东实现其强大日处理能力以及快速物流，关键是依靠其智慧物流系统，该系统主要包括青龙配送系统、玄武仓储管理系统以及运输调度管理系统，这也是目前京东云仓运营的核心。京东云仓提供的服务包括仓储、运输、配送等，依靠成熟的大数据技术实现仓储标准化、智能化，减少人工的参与，最大限度地提高京东的管理效能，提升了货物配送的时效性。仓内拆零及组装全新SKU，灵活入仓，出库稳定，可以有效提升供应链的效率，在降低成本的同时保证运作的高效进行。海量的订单通过高速运转的物流作业，实现了京东云仓模式的盈利。

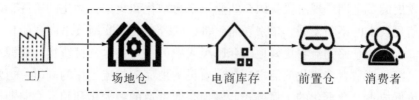

图 2-7  京东的云仓网络布局

### 2.5.2  快递云仓模式分析

快递云仓是指由物流快递企业自建的云仓,如顺丰、中国邮政、百世等。其中,顺丰的快递云仓模式极具代表性(见图2-8)。关于顺丰的快递云仓的网络布局与建设情况,其云仓布局包括信息网、仓储网、干线网、宅配网(云物流)等组成部分。顺丰的一大创新点在于云仓和快递的协同作业模式。顺丰的新退货模式可以很好地解决逆向物流问题。由于在各区域都有云仓分仓布局,当顾客有退换货需求时,顺丰就近快递点的工作人员会通过信息平台查询库存信息,并在1小时内到商家或者最近仓库取得新货,随后与顾客进行面对面退换货服务。顺丰通过优化服务流程,既不延误商家货品销售,确保退换货产品质量,又可以给消费者带来极大的便捷;此举不仅提升了顺丰的企业形象,还可以通过信息化解决方案获得物流、仓储、信息化等多方面的盈利。

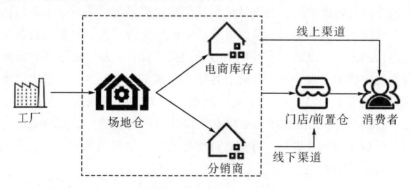

图 2-8  顺丰的快递云仓模式

### 2.5.3  3PL 云仓模式分析

3PL 云仓是第三方仓储物流提供商所建的云仓。随着电商行业的蓬勃发展，面对大型促销活动时，不少商家的仓储能力常显不足，导致配送迟缓，错误率也大幅增高，严重影响顾客体验与评价。3PL 云仓的应用模式，可以根据客户的具体数据、对服务和成本的要求，建议客户把库存分布在不同的仓库，让库存更接近用户，从而提高配送效率，降低快递成本。同时，这些 3PL 的仓库规模大、自动化程度高、运营能力强、订单响应速度快。3PL 云仓体系不仅有很强的自动化订单履行能力，还会主动以货主为核心，对全渠道库存分布进行调拨、对库存进行集中和优化，并拉动上游供应链的补货。3PL 云仓以其全方位的物流和信息化解决方案，为客户提供了多种多样的服务，并通过不同的收费标准和增值服务项目来获取收益。3PL 云仓模式如图 2-9 所示。

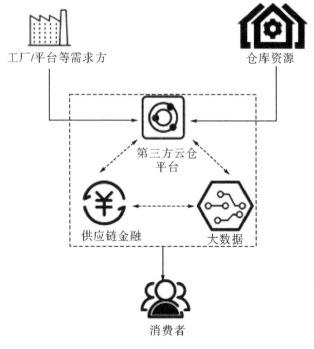

图 2-9　3PL 云仓模式

### 2.5.4　民农云仓模式分析

民农云仓是民熙供应链科技有限公司推出的聚焦粮食行业的供应链数字化综合服务平台。民农云仓自推出以来，已与东方集团股份有限公司、山东新希望六和集团有限公司等核心企业，就玉米、水稻、大豆、小麦等粮食品种展开合作。民农云仓基于物联网和区块链等技术，以货物智能监管、设备反欺诈、仓单实时动态评价等系统组成资产数字化管理平台，利用物联网生成数据，区块链管理数据，视频监控管理事件，仓单综合评价管控结果，并通过多终端实现多方互相监督，从而实现实物资产向数字资产的转化。自推出以来，民农云仓已为核心企业实现融资近10亿元，交易规模约30亿元，为企业带来了新的盈利模式和经济效益。民农云仓模式如图2-10所示。

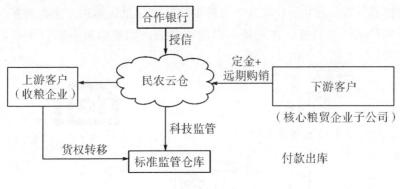

图2-10　民农云仓模式

### 2.5.5　共享云仓模式分析

佳怡供应链企业集团（以下简称"佳怡集团"）是一家现代化、综合型供应链服务集团，可为不同行业提供专业物流与供应链解决方案。佳怡集团设计了共享云仓模式，为客户解决资源不匹配的问题。共享云仓是近年来新兴的互联网概念，利用中央信息管理系统平台，根据客户的订单数据及客户服务需求等，给予客户合理的供应链规划意见。同时，该模式促进多个客户之间共享仓储管理、信息系统等资源从而实现整个供应链体系的资源优化配置。共享云仓模式不仅可以实现仓储空间的共享，还可以实现仓储资源（包括信息资源）的共享，能够很好地规避因需求预测误差和库存责任失衡而引发的一系列问题，从而更好地服务顾客，获得更大的收益。共享云仓模式如图2-11所示。

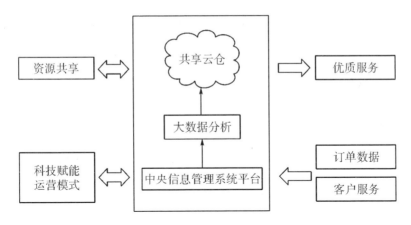

图 2-11 共享云仓模式

### 2.5.6 电网现代云仓模式分析

电网现代云仓模式是由物资部门主导构建的供应链级仓储资源共享网络。电网现代云仓对于电网物资供应链中物资流通所形成的库存，以供应链为基本单元，通过采用先进技术搭建的现代化信息平台，建立合理的利益分配风险分担机制。同时，基于客户的需求准确分析和预测，与供应链节点企业共同控制库存并且共享仓储设施资源。电网现代云仓通过这一套运作流程，实现了仓储节点库存的共享，减少了供应链上下游各企业的库存积压，逐渐形成库存少、成本低、响应快、信息共享度高、运行效率高、用户满意度高的供应链体系。建立电网现代云仓体系及大数据平台，发挥了属地业务操作优势，实现了实体分散管理；发挥了资源统筹管理优势，实现了信息数据集成；发挥了业务运营优势，实现了动态调整网络节点。因此，电网现代云仓的建设能够为其带来更高的运作效率，在节省成本的同时增加了效益。电网现代云仓模式如图 2-12 所示。

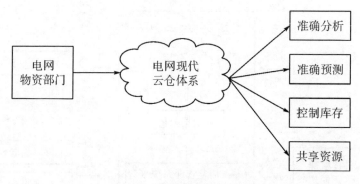

图 2-12　电网现代云仓模式

## 2.6　云仓带给白酒产业的创新与挑战

### 2.6.1　云仓带给白酒产业的创新

（1）优化库存管理

由于白酒的生产周期长，库存成本高，对于白酒企业来说，云仓技术能够实时监控库存状态，通过数据分析预测库存需求，实现更加高效的库存管理。

（2）提高物流效率

白酒企业借助云仓技术，可以实现对物流流程的实时追踪和管理，优化配送路线，减少物流成本，提高物流效率。这对于确保白酒的快速配送至关重要。

（3）强化供应链协同

云仓技术可以整合供应链上下游的信息，加强供应链各环节之间的协同工作，提高整个供应链的响应速度和灵活性。

（4）改善消费者体验

通过云仓技术，白酒企业可以更精准地预测消费者需求，提供个性化的服务并推荐产品，提升消费者购买体验。

### 2.6.2 云仓应用于白酒产业面临的挑战

（1）技术投资大

云仓技术的实施需要大量的初期投资，包括硬件设施的搭建、软件系统的开发以及人员的培训等。对于中小型白酒企业来说，这是一大负担。

（2）数据安全与隐私保护

云仓技术依赖大量的数据收集与分析。因此，如何确保这些数据的安全、防止数据泄露成为一个重大的挑战。

（3）白酒供应链整合困难

白酒产业的供应链往往涉及多个环节，不同环节之间存在信息孤岛现象。要实现真正的供应链整合，需要各环节之间开放数据和信息，这在实践中存在一定的困难。

（4）技术与人才短缺

云仓技术的实施和运营需要具备相应技术背景的专业人才，而这类人才在当前市场上相对稀缺，且成本较高。

总之，云仓技术为白酒产业带来了新的发展机遇，但同时也面临诸多挑战。白酒企业在引入云仓技术时需要全面考虑自身的实际情况，制定合理的策略，以最大化地发挥云仓技术的优势，同时应对挑战。

# 3 白酒供应链概述及发展现状分析

## 3.1 白酒供应链概述

白酒供应链是一个涉及原材料供应、生产加工、销售渠道、消费市场等多个环节的复杂系统。这个产业链从原料的种植开始，经过白酒的生产和加工过程，最终通过多样化的销售渠道将产品送到消费者手中。

白酒原材料采购主要涉及高粱、玉米、小麦、大米等，不同香型的白酒选择不同的原料，同时，制酒也离不开酒曲、稻谷等辅料；生产加工环节主要包括酿造、勾兑、包装等；消费市场涵盖个人消费、商务礼品赠送及餐饮服务等；另外还有研发、物流仓储、宣传促销等辅助服务。在白酒供应链中，每个环节对最终产品的品质和市场表现都有着重要影响。随着消费者对白酒品质和多样性需求的不断提高，白酒企业需要不断优化产业链管理，提高原料质量、生产工艺、营销策略等各个方面的能力，以满足市场需求。

## 3.2 白酒供应链发展现状分析

### 3.2.1 白酒发展历程及趋势

中国白酒总产量已连续多年呈下降趋势，产量峰值出现在 2016 年，此后一路下降，至 2021 年，白酒产量较 2016 年的峰值下降了 47.3%。我国白酒产量新低说明行业提前进入品质提升和优胜劣汰的发展阶段。然而，尽管产量下降，白酒利润每年却呈上升趋势，说明白酒产业往集中化方向发展。

虽然中国白酒行业的发展历程坎坷,但现已经度过艰难时期,步入了行业平衡发展期。中国白酒产业的发展始于酒厂体制改革下工业化生产的推进。

近年来,白酒板块在茅台酒高速发展的带领下,业绩斐然,2018—2022 年,白酒产业销售收入不断上涨(见图 3-1)。未来,白酒企业将协同优化不同产品带、价格带、营销渠道,实现市场供应与消费需求动态平衡,全力确保白酒价格稳、渠道稳、市场稳、预期稳,持续做精存量、做大增量、培育增长新动能。

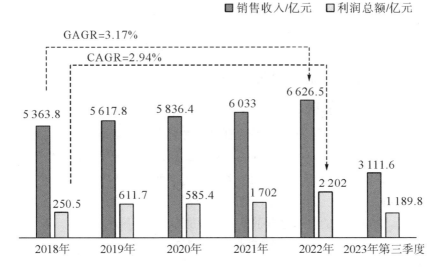

图 3-1  2018—2022 年中国白酒产业销售收入和利润总额

数据来源:历年《白酒行业洞察报告》。

近年来,高端白酒和次高端白酒的市场份额不断扩大,中低端白酒的容量占比则相应减少,整个白酒消费结构不断优化。随着未来消费结构不断优化,高端及次高端白酒的消费占比会继续上升。中国收入分配研究院预测,到 2025 年,高端白酒需求量将超 10 万吨。随着白酒企业相关战略的实施,利润率不断上涨。在消费升级背景下,高端白酒的价格也有望持续上涨,盈利能力有望持续提高,利润总额有望持续增加。良好的市场环境为白酒产业的发展提供了机遇,而白酒产业的良好发展将有利于白酒企业实现高质量发展目标。图 3-2 为 2018—2022 年中国白酒产量和增长率。

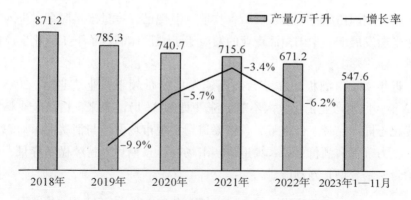

图 3-2    2018—2022 年中国白酒产量和增长率

数据来源：历年《白酒行业洞察报告》。

### 3.2.2    白酒市场需求分析

当前，白酒市场需求呈现多样化和高端化发展趋势。消费者对中高端白酒的需求不断增加。同时，年轻消费者逐渐成为白酒消费主力，他们倾向于选择品牌形象好、口感独特的产品。此外，随着健康意识的增强，低度白酒和有机白酒的市场需求也在增加。总的来说，白酒市场需求旺盛，但竞争也愈加激烈。随着白酒产业规模的扩大、品类的不断丰富、价值不断攀升，白酒产业的收益也有了显著的增加（见图3-3）。

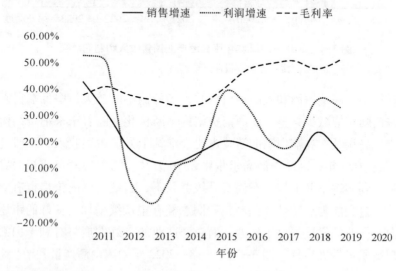

图 3-3    2011—2020 年白酒产业效益增速变化趋势

数据来源：历年《白酒行业洞察报告》。

近年来，消费结构升级，中高端白酒市场量价齐飞，白酒企业明星产品——飞天茅台（53度）供应量和市场需求量存在差距，市场价格仍呈增长趋势。同时，中产阶级和高收入群体数量持续增长，越来越多的消费者有了为高档白酒买单的能力，市场对高端白酒的需求更为强烈。

### 3.2.3　白酒供应链现状分析

#### 3.2.3.1　白酒供应链结构分析

白酒供应链结构可以划分为多个关键环节，包括原材料供应、生产制造、包装与装瓶、物流与配送、销售与分销、客户与市场。原材料供应方面，主要涉及粮食、水、包装等关键原材料的采购，这些通常从多个供应商处获取，以保证质量和供应的稳定性。生产制造方面，主要包括酿造、发酵、蒸馏和贮存等步骤，这一过程通常在多个生产基地进行，以确保生产能力和产品的多样性。包装与装瓶方面，主要包括瓶子和包装材料的采购及包装过程，通常采用半自动或全自动的设备以提高效率和减少人工成本。物流与配送方面，白酒企业通常会建立自己的仓储和配送中心，同时与第三方物流公司合作，以覆盖广泛的市场区域，提高配送效率。销售与分销方面，则涉及通过批发商、零售商和电子商务平台将产品推向市场，覆盖全国甚至国际市场。客户与市场方面，关注终端消费者和市场需求，主要面向高端消费群体、宴会市场和礼品市场等。通过各环节间的协同运作，白酒企业能够实现高效的供应链管理，满足市场需求，从而提升竞争力，如图3-4所示。

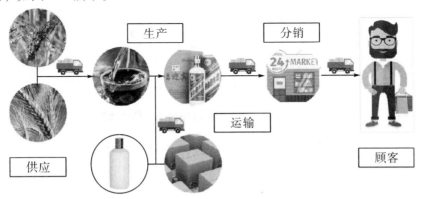

**图3-4　白酒供应链**

白酒生产企业大多数采用传统的酿造技术，但是在物流、包装等环节逐步优化其供应链网络结构，以更好地支持市场需求和产品分销。传统的单一供应链模式正逐渐向多元化发展，包括建立地区性、区域性甚至全球化的供应链网络，以应对不同地区和市场的需求差异。

### 3.2.3.2　白酒供应链管理现状分析

#### （1）信息化程度不均

白酒行业内，供应链管理的信息化水平存在显著差异。一些领先的大型企业已采用了先进的信息技术，包括 ERP 系统、供应链管理软件、物联网等，实现了供应链的数字化和智能化管理。然而，大部分中小型企业仍然依赖传统的人工管理和 Excel 等简单工具，导致信息流动不畅，决策效率低下。这些中小白酒企业在供应链管理方面存在信息化程度不高的问题。仍然有相当一部分企业采用传统的人工管理方式，导致效率不高、成本较高等问题。

笔者对供应链中上千家白酒企业的信息化状况进行了调研。以物流运输环节信息化程度为例，在"厂商—代理商"和"代理商—消费者"两个运输环节的信息化程度（如图 3-5 所示）中，可以发现"厂商—代理商"运输环节的信息透明度相对高些，但是消费者能够在线查询物流信息比例要低很多，包括产品所处位置和预计到货时间等。

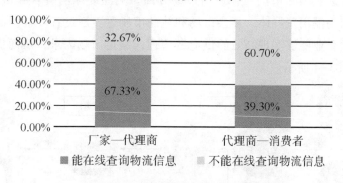

**图 3-5　白酒行业物流运输环节的信息化程度**

白酒供应链的深度调查结果显示，仓库设备多为货架、托盘、叉车等基础设施，缺乏智能设备的支持，尚未实现仓储的数字化和可视化。

白酒的生产周期长，绝大部分酒企从产品包装到交付给消费者之间的时间是可控的。然而，厂商将产品运至各地区的自营店和经销商，再由自营店和经销商负责将产品交付至消费者。这两个阶段的运输过程信息透明度不高，会影响消费者的体验感。

各个经销商和门店之间的信息是不透明的。由于需求和运输的不确定性，门店无法控制和掌握相应信息，进而出现产品积压与缺货并存的现象，此时信息的不透明性会引发资源重叠、配置不合理的问题。因此，白酒企业需要及时消除不同销售渠道之间的壁垒，实现协同合作，促进酒类产品的库存管理，以加快市场流通速度。

白酒行业除了头部企业外，大部分企业通过第三方物流公司，将产品从库房送到经销商仓库，再分发到县级市场。给终端客户运输时大多使用三轮车，因此容易存在漏发、包装损坏、日晒雨淋等问题。同时，中端白酒从仓库到门店的运输方式也没有规范和统一的要求，不能较好地形成配送系统。这些不规范的运输方式，导致货物损毁、遗失，运输过程脱离物流信息网络。

（2）库存管理面临的挑战

白酒的特性决定了其库存管理的复杂性。由于酒类产品对存储环境有较高要求，企业往往需要面对如何平衡库存成本和市场需求波动的难题。部分企业在库存管理上仍然存在过度库存或者缺货的问题，这不仅影响资金的运作效率，也会影响客户满意度和市场竞争力。图3-6为白酒库房。

图3-6　白酒库房

（3）物流配送效率参差不齐

物流配送是白酒供应链中的关键环节之一。由于产品分布广泛且销售地域性差异大，一些企业面临着配送效率低、成本高的挑战。部分企业在物流管理上尚未实现高效的路线规划和配送优化，导致运输周期长、成本增加。图 3-7 为白酒厂家货仓至自营店的配送时间。

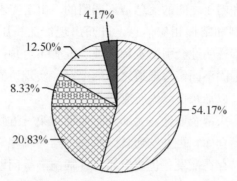

☑1~5天 ☒5~10天 ▤10~15天 ⬚15~20天 ■15~30天

图 3-7　白酒厂家货仓至自营店的配送时间

（4）供应链协同性有待提升

供应链协同性指的是企业内部各个部门以及与外部供应商和分销商之间的协作程度。供应链协同现状在很大程度上决定了整个供应链的效率和竞争力。在白酒行业，一些企业仍然存在信息孤岛和协同不畅的问题，导致生产计划、采购和销售预测不准确，进而导致牛鞭效应（见图 3-8）发生，影响供应链的整体效率和响应速度。

图 3-8　牛鞭效应

（5）环境保护和社会责任的关注增加

随着消费者对环境保护和社会责任的关注增加，一些白酒企业开始关注供应链的可持续发展问题，采取了减少包装废弃物、提升能源效率和支持社区发展等措施。这些措施不仅有助于提升品牌形象，也在一定程度上推动了供应链管理水平的提升。

# 4 云仓与白酒仓储物流需求契合度分析

## 4.1 白酒企业建设云仓的基础条件分析

### 4.1.1 仓储资源基础

全国范围内的仓配网络是云仓的基础与必备条件，云仓通过整合自身资源与社会资源，降低成本、分摊风险，在全国范围内建起"仓库+配送"网络。目前白酒企业的自营店和经销商已遍布全国，基于现有仓配网络对其转型升级，能为云仓的仓配网络提供服务。

### 4.1.2 物流管理信息化基础

白酒企业不断推进"智慧物流"，优化顶层设计，逐步形成核心业务全覆盖、横向纵向全贯通的全方位数字化应用体系，实现企业数字化布局。在生产环节，部分头部白酒企业已上线生产数据管理系统，并不断对系统进行功能扩展和更新迭代。这些系统根据生产过程中走动式管理的特点，采用电脑端和手机端并行的设计模式，方便使用者随时填报、查看生产数据，实时掌握生产情况。该系统的应用变革了白酒企业生产数据采集、管理、统计、分析、追溯的传统模式，为白酒企业数字化的建设奠定了坚实的数据基础。在车辆运输安排方面，与酒企紧密结合的物流有限责任公司响应"智慧物流"的建设号召，利用成熟软件公司开发的仓储系统制订运输计划，科学安排运输车辆负责产品的干线运输，力求提高工作效率，降低运输成本，并平衡员工的工作量。在数据管理方面，该系统通过扫描酒箱上的二维码，实现了产品从包装出厂→出入库→运输→经销商→销售各个环节的数据记录，确保了产品的溯源。

### 4.1.3 仓储物流管理机制基础

部分头部白酒企业成立自己的物流公司，或者与专业物流企业达成战略合作；切实按照酒类物流业务相关标准，制定相应的仓储、运输、数字化系统以及物流网络布局的规划标准，以标准化手段助力目标实现。白酒行业已经制定了涵盖仓储管理、资源建设、运输管理、业务管理等方面的相关服务标准，为仓配网络的规划建设、运力网络构建分配、信息系统的建设管理、物流运输的安全保障等各方面提供了指导规范。该规范不仅适用于现有的仓储物流管理，也为白酒供应链的数字化转型、云仓的应用提供了量化标准和相关保障。

### 4.1.4 仓储物流人才基础

目前，承接白酒业务的专业物流公司或者供应链公司普遍没有综合部、财务部、业务部、运输管理部、企管部、仓储部等多个职能部门。云仓对于多数企业来说是一个全新的领域，想要更好地运用，企业需要对供应链管理、大数据等专业知识、白酒企业数字化转型实例方面有足够的了解，并以此为基础进行更深入、更广泛的相关专业知识探索。因此，复合型人才的培养成为白酒企业在发展供应链业务时的重中之重。企业可以对现有员工进行相关培训，利于其基于丰富的业务经验为数字化转型提供建议，并促进其尽快适应新业务。同时，企业在进行人才引进时，要优先聘用复合型人才，为企业注入人才资源。此外，企业在聘用后还要对员工进行系统性培训，结合员工自身情况，对他们进行系统的、有针对性的定制化培训，这样才能全方位保障云仓业务的开展。

## 4.2 白酒企业建设云仓的现实需求分析

### 4.2.1 加快白酒存储的智慧化建设

白酒的存储对仓库环境有着很高的要求，对仓库内的温度、湿度等有严格的贮存条件，若是环境不当、密封不好，对白酒的口感影响很大；若是直接阳光暴晒会使白酒味道变淡，因为高温会使酒体产生杂味、异味。白酒的储存一定要避开阳光直接照射，把酒放置在干燥阴凉处，温度和湿度都相对稳定的地方，不要让酒的储存温度变化太大。白酒属于易燃易爆危险品，必须考虑防火问题。云仓能够对仓库的温度、湿度、安全性等环境条件进行监控，及时调整仓库环境以适应白酒存储。此外，云仓的大数据功能可以实现对仓库的智慧化管理，智能盘点各种品类白酒的存量、位置等信息，节省人力资源，从而提高管理效率。

### 4.2.2　降低产品运输成本

众多企业凭借自身实力，采用独自出资的方式，建立覆盖国内大部分大中型城市的云仓系统，主要包括货物仓储系统和物流配送系统，以此满足自身产品物流需求，为建立起的线上和线下销售网络提供便利。以往企业需要经过多个环节运输才能将产品送给消费者，而运输流程由不同主体负责，存在资源重叠和利益冲突，相应地增加了运输成本。企业借助云仓对供应链的整合和服务能力，合理配置资源，推动供应链上各主体更高效地运作，从而有效缩短产品流通周期，为消费者提供更好的服务，并降低运输成本。

### 4.2.3　加强产品价格管控

无论是溢价的高端白酒，还是竞争激烈的其他白酒对于市场价格的管控至关重要。云仓的数据管理系统能够贴近消费者市场，更好地把握市场动向，严格把控高端白酒的市场售价，避免利益受损。此外，市场中还存在一些假冒伪劣产品扰乱市场的正常运营，不仅使消费者的利益受损，还侵犯了高端白酒的利益和声誉。云仓借助溯源系统、物联网技术，严格把控产品流通，严厉打击造假行为，保护客户和集团的利益，提升了白酒企业的市场影响力和用户满意度。

### 4.2.4　实现全流程溯源

云仓基于大数据和人工智能技术，对白酒运输过程中的物流数据进行分析，发现、识别和拦截违法品，极大地提高了物流安全性。云仓将酒品的生产信息进行数字化处理，予以特殊标志，确保每瓶酒的产地、用料、生产日期和保质期等信息透明化，有效防止假冒伪劣产品。白酒企业可以依托云仓的数据优势，关联每个产品的物流信息，完善溯源链路，实现全链路管控；针对产品运输，制订相关运输和销售计划，缩短运输链路，实现酒品的高效配送；通过记录瓶身的商品码，确保一瓶一码，有效避免溯源码的回收和二次使用，结合后台的异常监控功能，对扫码记录进行分析，杜绝批量伪造的假冒标签。

### 4.2.5　构建安全管控体系

在云仓运营的全过程中，数据和信息的安全保护是云仓维护工作的重中之重。云仓安全系统以基础架构、应用、数据安全为基础，旨在用管理体系支撑合规经营，将安全融入业务，使安全体系认证国际化、国家安保测评常规化、安全要求落地平台化、安全咨询服务产品化、定期风险评估流程化。云仓平台利用大数据及互联网安全技术，为企业的业务提供主动、快速的信息安全服务，建立高效、专业的信息安全管控体系。基于企业内部岗位角色矩阵，云仓为应用系统提供自动化、一站式的账号管理、登录认证、权限管理和审计等服务，通过数据分类分级，对敏感字段动态加密，并基于人员岗位、权限和业务场景进行自动化动态脱敏，实现企业内部信息的安全共享。此外，云仓还能够为白酒企业生产过程构建高效、专业的信息安全管控体系，减少人力投入。

### 4.2.6　带动行业转型升级

白酒企业自建云仓体系可以为自己的业务提供服务，提升订单处理能力。随着云仓体系和相关制度的完善，白酒企业可以开放自有资源，为其他酒类企业提供物流服务，利用规模效应不仅可以进一步降低成本，还能促进整个酒类行业的战略转型和升级。此外，白酒企业也可以主动选择具有一定仓配基础和资源整合能力的供应链主体合作，将二者的区位优势结合，促进二者合作共赢，稳固行业地位。

## 4.3　白酒企业建设云仓的必要性分析

在酒业数字化转型仍处在初级阶段的今天，白酒供应链聚焦于酿酒行业传统业务模式中存在的共性问题，积极转型升级，加快推进数字化技术与产业的深度融合，为酿酒行业实现高质量发展贡献"数字化智慧"。随着互联网技术的迅速发展，白酒企业正面临着传统供应链管理方式的巨大挑战与改变。建设云仓，即利用云计算技术实现仓储的数字化管理，对于白酒企业而言，不仅是顺应数字化转型趋势的必然选择，还具有多重必要性。

### 4.3.1　提升白酒供应链效率

云仓技术通过集成云计算和物联网技术，对传统仓储物流进行升级改造，为白酒供应链效率的提升提供了强有力的技术支撑；云仓系统可以实时收集、更新和共享仓储、物流、销售等数据，保证了信息的透明化和实时性。这样，白酒企业能够快速响应市场变化，及时调整生产和配送计划，降低库存积压的风险，并提高供应链的整体响应速度，从而实现实时数据共享和透明化。通过云仓系统，白酒企业可以实现更加精准的库存管理。系统可以根据历史数据和算法预测不同地区、不同时间段的市场需求，帮助企业优化库存水平，减少过剩或缺货情况，确保资源的有效配置，以实现库存管理优化。云仓可以通过算法优化配送路线，减少配送时间和成本。同时，利用云仓网络的分布优势，白酒企业可以选择离消费者更近的仓库进行配送，实现快速配送服务，提升消费者满意度，从而提高物流配送效率。借助云仓技术，白酒企业能够更有效地控制仓储和物流成本，通过优化库存管理减少库存成本，利用算法优化配送路线和方式，降低运输成本。此外，云仓的集中管理还有助于减少管理成本。云仓系统能够实时监控仓库环境和库存状态，及时发现并预警风险，比如商品损坏、过期等。同时，云仓系统通过数据分析可以预测并规避供应链中可能出现的风险，提高供应链的稳定性和安全性。云仓系统可以实现供应链上下游之间的信息共享和业务协同，包括供应商、生产商、分销商、零售商等所有参与者。这种协同作用有助于优化整个供应链的运作流程，减少信息延迟和不对称，提高整个供应链的运作效率，以促进业务协同。

综上所述，云仓能够实现对仓储资源的集中管理和优化配置，通过数据分析预测市场需求，实时调整库存，从而提高供应链的响应速度和效率。这对于白酒企业应对市场变化和满足消费者需求具有重要意义。

### 4.3.2　降低运营成本

云仓系统通过实时数据分析和预测，帮助企业精准控制库存水平，减少库存过剩和库存短缺的情况。这种精细化的库存管理减少了库存成本，包括仓储空间租赁费、库存保险费、商品损耗费等。云仓技术可以实现仓库空间的最优化利用，通过自动化的货物管理和智能化的仓库布局设计，提高仓储效率，降低仓储成本。同时，云仓系统通过集中管理多个仓库，还可以实现规模经济，进一步降低成本，提高仓储效率。在物流配送方面，云仓通过对配送路线和物流资源的优化配置，能够有效降低物流配送成本。例如，通过智能算法计算出最佳配送路线，减少运输里程和时间，从而节省燃料费用和车辆折旧费。此外，云仓系统能够快速响应市场变化，从而减少急件配送所需的高昂成本，降低了企业物流配送成本。云仓系统的集中化管理模式降低了人工管理的需求，减少了对人工操作的依赖，从而降低了人力成本。同时，云仓系统的自动化功能还可以降低错误率，进一步减少错误操作导致的成本损失，从而减少管理成本。云仓系统整合了供应链上下游的信息，提高了整个供应链的运作效率。通过实时数据分析，企业可以更快地做出决策，减少不必要的运营延误和成本。同时，云仓的灵活性和扩展性也为企业节省了未来可能的扩展成本，提升了运营效率。通过对供应链过程中的各种风险进行实时监控和预警，云仓可以帮助企业提前防范或减轻潜在损失，如通过温湿度监控防止商品受损，通过库存预警避免断货或过剩等问题。这种风险管理能力降低了潜在的经济损失和补救成本，提前做好风险管理，规避重大经营风险。

综上所述，云仓技术能够帮助白酒企业在供应链管理中实现成本的有效控制和降低，提升整体的运营效率和竞争力。随着云计算和物联网技术的进一步发展，云仓在降低供应链运营成本方面的作用将更加显著。

### 4.3.3　改善客户体验

云仓系统通过优化库存管理和物流配送流程，能够显著缩短订单处理时间和配送周期；利用靠近客户的仓库快速配送商品，确保消费者能够在最短的时间内收到商品，从而提高客户满意度。利用自动化和智能化的订单处理系统，云仓能够减少人为错误，提高订单处理的准确性。这意味着客户收到的商品将完全符合其订单要求，减少了退换货的概率和相关不便，从而改善了客户体验。利用云仓系统的数据收集和分析能力，企业可以更好地了解客户需求和偏好，实现个性化的商品推荐和定制服务。例如，根据客户的购买历史和偏好，提供定制化的产品包装或专属优惠。云仓系统可以为客户提供实时的库存和订单跟踪信息，让客户随时了解订单状态和商品配送进度。这种透明度不仅减少了客户的不确定感和焦虑，而且获得了客户的信任。云仓技术使得企业能够更高效地处理退货和换货请求，简化售后流程，提供更加迅速和满意的售后服务。快速响应客户的售后需求、有效解决问题，是提升客户体验的重要环节。此外，云仓系统的环境监控和智能管理功能可以有效降低商品在仓储和运输过程中的损坏率，确保客户收到的商品处于最佳状态。这对白酒等需要特定储存条件的商品尤为重要。

云仓可以提供更加灵活、快速的物流配送服务，满足消费者对于即时配送的需求，从而提升客户满意度和忠诚度。此外，云仓通过精确的库存管理，可以有效避免缺货或过剩情况的发生。云仓不仅提高了物流配送的效率和准确性，还提供了更加个性化、高质量的客户服务，极大地提升了客户的购物体验和满意度。

### 4.3.4 加强数据分析与决策支持

云仓系统通过物联网设备（如传感器、RFID 标签等）实时收集仓库内外的数据，包括库存水平、商品流动、环境条件等信息。这些实时数据为企业提供了准确的业务现状视图，为管理决策提供了基础。云仓系统利用云计算的强大计算能力，对收集到的大量数据进行快速处理和分析；通过数据挖掘和机器学习技术，能够发现数据间的相关性和潜在趋势，从而提供有价值的业务报告。通过分析历史销售数据、季节性变化、市场趋势等因素，云仓系统可以预测未来的需求变化，帮助企业优化库存水平，避免过剩或缺货的情况。这种预测能力支持企业进行更加精准的库存规划和供应链管理。云仓系统通过分析物流路线、配送时间、成本等数据，优化物流配送方案。例如，通过算法模型选择最佳配送路线，减少运输成本和时间，提高配送效率。云仓系统可以分析供应链中潜在的风险点，如供应中断、运输延迟、库存过剩等，并提前发出预警。同时，基于历史数据和模拟分析，云仓可以制订风险应对策略和备份计划，从而增强供应链的韧性。通过对整个供应链数据的集成分析，云仓系统能够提供全面的业务洞察，支持企业在市场扩展、产品开发、客户服务等方面的战略决策。例如，系统可以分析不同市场的需求特点，指导产品定位和市场策略。云仓系统通过分析客户数据，帮助企业更好地了解客户需求和偏好，为客户提供更加个性化的服务和产品，提高客户满意度和忠诚度。

云仓系统可以收集和分析大量的供应链数据，包括库存水平、物流效率、消费者行为等，为企业提供实时的业务洞察和决策支持。这有助于白酒企业优化产品组合，制定更有效的市场策略。云仓技术通过加强数据分析与决策支持，不仅能够优化仓储物流操作，还能够帮助企业捕捉市场机会，应对业务挑战，提高整体竞争力。

### 4.3.5 促进业务创新和多元化

云仓技术通过优化库存管理和加速物流配送，大大缩短了产品从仓库到消费者手中的时间。这种快速响应能力使企业能够迅速适应市场变化，快速推出新产品，满足消费者的即时需求，从而提高市场竞争力。云仓系统能够高效管理复杂的库存和配送需求，支持小批量、高频次的订单处理，使得企业能够根据市场需求和消费者个性化需求，灵活调整产品线，推出多样化的产品，实现定制化服务，从而促进产品创新。云仓的弹性扩展能力允许企业在无需大量前期投资的情况下，快速进入新的市场或领域。通过利用云仓的资源和网络，企业可以分析与新市场的契合度，以降低扩展风险，促进业务多元化发展。云仓技术通过实时数据收集和分析，提高了供应链的透明度和可视性，使企业能够更好地掌握供应链的每一个环节，及时调整策略和计划。这种灵活性和适应性是创新和多元化发展的基础。云仓可以作为企业与合作伙伴之间合作的平台，通过共享数据和资源，加强合作伙伴之间的协同效应。这种合作关系可以拓展到新的业务领域，促进新产品的共同开发，实现资源的最优配置。随着电商、物流、信息技术的不断融合，云仓提供了一个实验平台，支持企业探索新的业务模式，如订阅服务、共享经济等。利用云仓的高效运营能力，企业可以在低风险环境下测试新模式的可行性，推动业务创新。云仓系统收集和分析的大数据可以为企业提供有价值的市场洞察和消费者行为分析，支持数据驱动的决策。这种决策方式有助于企业更准确地把握市场趋势，促进产品和服务的持续创新。

通过云仓的建设，白酒企业可以更容易地探索新兴业务模式和销售渠道，如跨境电商、社区团购等。云仓的灵活性和扩展性助力企业快速适应市场变化，探索更多创新的商业模式。

### 4.3.6 增强风险管理能力

云仓系统能够实时监控和管理仓储物流中的每一个环节，提供实时数据支持，包括库存水平、物流状态、需求预测等。这种高透明度使企业能够及时发现供应链中的问题，并迅速采取措施进行调整或应对，从而减少潜在的损失。通过云仓技术，白酒企业可以更灵活地调整仓储空间和物流资源，以应对市场需求的变化。在面对供应中断或需求波动时，云仓能够快速重新配置资源，确保供应链的连续性和稳定性，从而降低业务中断的风险。利用云仓技术进行精准的库存管理，可以有效避免过度库存和库存短缺的问题。通过数据分析和预测，企业可以实现更加精准的需求预测，合理安排生产和库存策略，减少因市场变化带来的风险。云仓技术支持快速的数据分析和决策制定，帮助企业在面对突发事件时，如自然灾害、政策变化等，能够迅速评估影响，制定应对策略，调整生产和物流计划，减轻事件对业务的影响。通过实时数据收集和分析，云仓系统可以帮助企业建立有效的风险预警机制。通过监测关键性能指标（KPIs）和市场动态，企业可以及时发现潜在的风险因素，提前采取措施进行防范，降低风险发生的可能性。云仓使白酒企业能够更加灵活地利用多种销售渠道，包括电商、线下零售、直销等，这种多渠道策略可以降低单一销售渠道带来的风险，提高企业在面对市场变化时的适应性和韧性。云仓技术提供的数据管理和安全保障措施，能够帮助企业保护关键业务数据的安全，同时确保业务操作符合相关法律法规要求，避免法律和合规风险。

云仓技术通过集中管理和实时监控，能够有效降低仓储和物流过程中的风险，如货物损坏、盗窃等，并提高企业在面对自然灾害、市场波动等突发事件时的应对能力和恢复力。

综上所述，白酒企业建设云仓不仅是适应数字化、信息化发展趋势的必然选择，也是提升企业竞争力、实现可持续发展的关键举措。通过建设云仓，白酒企业能够在激烈的市场竞争中占据有利位置，实现可持续发展。

# 5 云仓建设案例及客户解决方案分析

## 5.1 亚马逊云仓建设案例分析

### 5.1.1 亚马逊云仓建设背景

亚马逊一直以来是仓储物流发展的引领者，它不断运用大数据、云技术、人工智能等技术优化仓储模式和物流结构，建立了全球最大的电商云仓大平台，为各企业提供多样化的服务。亚马逊一直致力于提供卓越的客户体验，包括快速、可靠的订单处理与配送。传统的仓储和物流模式对于卖家来说可能是复杂和昂贵的，因此，亚马逊决定为卖家提供一种便捷的解决方案，以简化其运营流程并提高顾客满意度。

2006 年，亚马逊推出了 FBA（fulfillment by Amazon）计划，该计划允许卖家将其产品存储在亚马逊的仓库中，并由亚马逊负责订单处理、包装和配送。这使得卖家能够利用亚马逊的物流网络和仓储基础设施，以更高效和可靠的方式处理订单。

### 5.1.2 亚马逊云仓发展过程

云仓的发展离不开云计算技术的出现和发展。云计算技术提供了强大的计算能力、存储资源和网络服务，为构建云仓提供了基础。建设云仓需要线上和线下共同协调配合，通常包括策划和需求分析、选址与建设、仓库布局与设备配置、技术系统和数据管理、招聘和培训相关人员、合规与监督、测试与优化、正式运营和维护等阶段。

#### 5.1.2.1 建设基础

亚马逊在全球范围内建立了大量的仓库和物流中心。根据公开数据，亚马逊在全球拥有超过 175 个运营中心，这些中心分布在不同的国家和地区，包括美国、加拿大、英国、德国、法国、日本、澳大利亚等。亚马逊在 2012 年用 7.75 亿美元收购系统，KIVA 系统的作业效率是传统物流作业的 2~4 倍。

在数字化水平方面，亚马逊走在国际前列，通过先进的供应链数字化技术实现了高效的物流和库存管理。亚马逊利用大数据和实时分析，来预测需求、优化库存和提高物流效率。亚马逊的供应链数字化系统能够自动处理订单、跟踪库存、规划配送路线等，确保订单准时交付。其利用人工智能和机器学习技术来实现算法改进、个性化推荐、商品分类、欺诈检测等。

### 5.1.2.2 云仓功能实现

亚马逊的云仓业务提供了一系列功能，旨在帮助卖家简化仓储和物流操作，并提供高效、可靠的订单处理与配送。以下是亚马逊云仓及其相关业务的主要功能（见图 5-1）：

（1）仓储服务。亚马逊提供仓储服务，卖家可以将其产品存储在亚马逊的仓库中。这样，卖家无须自己建立和管理仓库，可以节省仓储成本和精力。

（2）订单处理。亚马逊负责处理卖家的订单。当顾客下单购买卖家的产品时，亚马逊会自动处理订单，包括订单确认、库存扣减、发货准备等环节。

（3）包装与标签。亚马逊负责为卖家的产品进行包装和标签。这确保了产品在运输过程中的安全性和完整性。

（4）快速配送。亚马逊利用其强大的物流网络和仓储基础设施，为卖家提供快速配送服务。这意味着顾客可以更快地收到他们购买的产品，提高了顾客满意度。

（5）客户服务。亚马逊提供客户支持服务，包括处理顾客的查询、退换货等问题。这减轻了卖家在客户服务方面的负担，同时提供了更好的购物体验。

（6）库存管理。亚马逊的系统会实时跟踪卖家产品的库存情况。卖家可以通过亚马逊卖家中心或 API 接口查看和管理其库存水平，确保及时补充库存。

（7）多渠道履行。亚马逊支持卖家在多个渠道上销售产品，并提供统一的履行服务。无论是通过亚马逊网站、移动应用还是其他合作渠道，亚马逊都能够处理和履行卖家的订单。

（8）数据分析和报告。亚马逊提供数据分析工具和报告，帮助卖家了解其销售情况、库存水平和订单履行情况。这些数据和报告可以帮助卖家做出更好的业务决策和战略规划。

（9）全球覆盖。亚马逊的云仓业务在全球范围内提供服务。卖家可以利用亚马逊的全球物流网络将产品销售到不同的国家和地区。

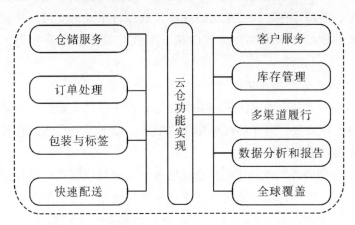

图5-1　亚马逊云仓及其相关业务的主要功能

### 5.1.2.3　亚马逊云仓服务结构

亚马逊云仓为用户提供国际高效物流运输服务。用户在线下单后，通过线上系统实时处理订单，与云仓内的库存货物进行匹配。亚马逊云仓找到离用户最近的货仓后，按照一定的出货流程（如分拣、包装、贴上运输信息标签等），使货物进入物流运输链之中。在线上线下的协调配合下，货物以最优的路径配送到用户手中（见图5-2）。

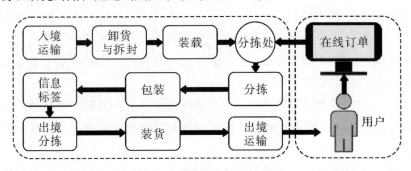

图5-2　亚马逊云仓服务结构

### 5.1.2.4　云仓投资与建设计划

建立云仓时，需要有针对性地对其投资建设，包括硬件、软件以及人员等方面的资源（见图5-3）。其中，主要的投资包括云计算平台和基础设施、物联网设备和传感器、自动化设备和机器人技术、仓储管理系统和软件、培训和人员配备以及安全和风险管理。

（1）云计算平台和基础设施。云仓建设离不开可靠的云计算平台和基础设施。企业需要投资购买和配置适合规模和需求的云计算资源，包括计算能力、存储空间和网络带宽等；选择可靠的云服务提供商，并确保基础设施的可用性和安全性。

（2）物联网设备和传感器。物联网设备和传感器在云仓中起着重要作用，用于实时监测库存状况、物流运输状态和环境条件等信息。企业需要投资购买和安装适当的物联网设备和传感器，以实现实时数据采集和监控。

（3）自动化设备和机器人技术。自动化设备和机器人技术可以提高仓储和物流的效率和准确性。根据需求，企业可以投资购买自动化存储和检索系统、机器人拣选系统等设备，以实现自动化的仓储和物流操作。

（4）仓储管理系统和软件。投资仓储管理系统和软件是建立云仓的关键。这些系统和软件包括库存管理、订单处理、仓位管理、物流跟踪等功能。企业可以选择购买成熟的仓储管理软件或开发定制化的解决方案，以满足其特定需求。

（5）培训和人员配备。建立云仓还需要培训和人员配备。员工需要接受培训，掌握仓储管理系统、设备的操作和维护技能。同时，为了确保云仓的正常运营，企业需要配备适当的人员，包括仓库管理人员、物流运营人员和技术支持人员等。

（6）安全和风险管理。云仓的安全和风险管理也是重要的投资方面。企业需要投资购买安全设备和技术，如视频监控系统、入侵检测系统和数据加密技术，以保证仓储和物流数据的安全。此外，企业还要建立健全风险管理计划和措施，以应对潜在的灾害和业务中断风险。

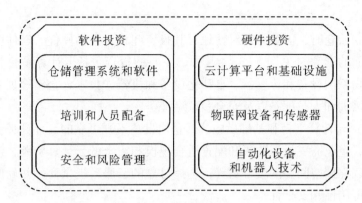

图 5-3　云仓的软硬件投资

5.1.2.5　亚马逊云仓业务对接

云仓为企业提供了一种灵活、高效和可靠的仓储管理和物流解决方案，帮助企业降低成本、优化资源利用、提供优质的客户服务，并实现供应链的可视化和管理。具体而言。云仓对于企业的业务提升表现在以下方面（见图 5-4）：

（1）降低仓储成本和优化资源配置。云仓可以帮助企业降低仓储成本。企业不再需要自己建立和维护仓库设施，购买仓储设备以及雇佣专业人员。相反，它们可以将产品存储在云仓中，根据实际需求灵活调整仓储空间，并通过共享基础设施和资源来实现成本优化。

（2）订单处理与配送。云仓借助亚马逊等提供的物流网络和仓储基础设施，可以实现快速和可靠的订单处理与配送。这使得企业能够更快速地将产品送达客户手中，提供更好的客户体验，并提高客户满意度和忠诚度。

（3）简化供应链管理。云仓可以简化供应链管理，使企业能够更好地掌控物流流程和库存管理。通过云计算平台提供的实时数据和分析工具，企业可以实时监测库存水平、物流运输状态以及销售趋势，从而更好地规划和管理供应链。

（4）扩展销售渠道和市场。云仓可以帮助企业扩展销售渠道和市场覆盖范围。通过利用云仓的跨渠道履行功能，企业可以将产品同时放在多个电商平台上销售，并通过亚马逊等云仓服务提供商的物流网络，实现订单处理和配送。

（5）提供增值服务。云仓通常提供一系列增值服务，如客户服务、退货处理、包装定制等。企业可以借助这些服务来提升客户满意度和品牌形象。

（6）提高业务灵活性和可扩展性。云仓可以根据企业的业务需求灵活调整仓储空间和资源。无论企业是快速扩张还是缩减规模，云仓都可以提供富有弹性和可扩展的解决方案。

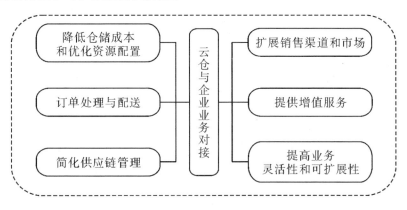

**图 5-4　云仓与企业业务对接**

5.1.2.6　亚马逊云仓的预期效益

利用云仓与企业自身的业务对接，能够实现降低成本、提高效率、扩展销售渠道、提升客户体验的目标。

（1）降低成本。云仓可以帮助企业降低成本，尤其是与自建仓储设施相比。企业无须投资建立和维护自己的仓库设施，也不需要雇佣和培训专门的仓储人员。云仓的成本通常是按需付费的，根据实际使用情况收取费用，这可以帮助企业降低固定成本和运营成本。

（2）提高效率。云仓通过先进的物流管理系统和自动化技术提高了仓储和物流效率。仓库操作的自动化能够加快订单处理速度，提高整体的运营效率。这有助于企业更快地响应顾客需求，提供快速、准确的订单配送服务。

（3）扩展销售渠道。云仓拥有在全球范围内销售和配送能力，帮助企业拓展销售渠道。企业可以通过云仓将产品存储在不同地区的仓库中，以更便捷地满足当地顾客的需求。这样，企业可以覆盖更广泛的市场，实现全球化销售。

（4）提升客户体验。云仓的高效运作可以提升客户体验。订单处理速度快、准确的配送和及时的物流跟踪等服务可以提高顾客对企业的满意度，建立良好的品牌形象，并促进重复购买和口碑传播。

### 5.1.3　亚马逊云仓布局

目前，亚马逊的仓库已经遍布全球各地，能够向全球客户提供各类仓储配送服务，包括跨境物流服务等。亚马逊在美国的云仓网络覆盖了美国境内多个时区，主要集中在东海岸的大城市以及内陆的一些主要城市。这些仓库大多位于交通便利的地方，以便于货物的运输和配送。

亚马逊的仓库网络主要由自营仓库和供第三方卖家使用的仓库组成。这些仓库提供了广泛的存储和配送服务，以确保客户的订单能够及时、准确地送达。

在欧洲，亚马逊的云仓主要布局在英国和法国。在英国，亚马逊的云仓主要位于英国的东南部和东部地区，包括伦敦、伯明翰、曼彻斯特等大城市以及其周边地区。这些仓库的分布旨在提高对英国消费者的配送效率，并提供更加快捷、方便的购物体验。亚马逊在英国的仓库规模和数量处于欧洲首位，其仓库的规模大小不一，有的大型仓库可以存储大量的商品，而一些小型仓库则可以适应特定的需求。此外，亚马逊还在英国设立了配送中心和分拣中心，以便更好地管理库存和配送流程。

在亚洲地区，亚马逊的云仓主要分布在日本，这也是亚马逊全球仓网最早在亚洲进行布局的国家。相比于其他国家的云仓布局，亚马逊在日本的仓库布局非常注重交通便利性。大部分仓库都位于港口城市或者交通枢纽附近，以便于货物的进出口和国内运输。亚马逊在日本仓库的运营效率非常高，使用了先进的物流技术和智能化管理系统，能够实现货物的快速进出和及时配送。这些仓库还提供了多种仓储服务，包括普通仓储、冷藏仓储、危险品仓储等，以满足不同客户的需求。

通过成熟的全球仓网布局，亚马逊的云仓服务能够为用户实现国际高效物流运输。用户在线下单后，订单会通过线上系统实时处理，与云仓内的库存货物进行匹配。云仓系统在找到离用户最近的货仓后，按照一定的出货流程，如分拣、包装、贴上运输信息标签等，使货物进入物流运输链之中。在线上线下的协调配合下，货物以时空最优的方式配送到用户手中。

### 5.1.4　亚马逊云仓的解决方案

Anker 是一家知名的电子产品公司,其主要产品包括充电器、电池、音响等。通过利用亚马逊的云仓服务,Anker 能够在全球范围内提供快速配送和优质的客户服务。亚马逊的仓储基础设施和物流网络使得 Anker 能够高效地处理订单,帮助公司扩大市场份额并提供卓越的用户体验。

亚马逊拥有全球范围的仓储网络,Anker 可以将其产品存放在亚马逊的仓库中,从而实现更广泛的市场覆盖。亚马逊的仓库遍布各个国家和地区,可以帮助 Anker 实现快速、高效的全球物流。亚马逊的云仓服务通过自动化的仓库操作和高效的订单处理系统,能够提供快速准确的订单配送。这有助于 Anker 满足顾客的需求,提供优质的购物体验,进而提高顾客的满意度和忠诚度。亚马逊的云仓服务还提供了客户服务的支持。顾客可以通过亚马逊的平台获得关于订单配送和退货等方面的支持,这减轻了Anker 在客户服务方面的负担,同时提供了便捷的售后支持。

SharkNinja 是一家以家用电器为主的公司,产品包括吸尘器、咖啡机、搅拌机等。它们利用亚马逊的云仓服务,将产品存储在亚马逊的仓库中,并由亚马逊负责订单处理和配送。这使得 SharkNinja 能够快速响应顾客的需求,提供高效的物流服务,并扩大销售渠道。亚马逊具有丰富的物流经验和专业的物流处理能力。通过利用亚马逊的平台,SharkNinja 可以借助亚马逊在物流方面的专业知识和资源,优化物流流程,提高配送效率和准确度。

这些案例表明,利用亚马逊的云仓服务可以帮助企业简化仓储和物流操作,提供高效、可靠的订单处理和配送服务,从而扩大市场份额、提升用户体验,并实现全球范围的销售和配送。

## 5.2　中国邮政云仓建设案例分析

### 5.2.1　中国邮政云仓的建设背景

自 21 世纪以来,科技赋能于社会生活的方方面面,构建了"数字化"的发展模式。"数字化"是科技发展与创新的产物,标志着一个全新时代的开始。这是一个互联网技术、云计算、大数据、物联网、感知技术、触摸技术和人工智能等技术综合应用创新的时代。数智技术与传统企业深度融合，将使相关企业逐渐转型为高科技引领、高智能运营、高素质人才驱动下的新型企业。对应到快递物流行业，新技术的发展使得现有物流要素从数字化逐渐走向智慧化和智能化，并创造新一代的物流要素，促进产业转型与升级。

近年来，中国邮政数字化转型速度越发加快，通过端到端的物流供应链解决方案，推动物流业和制造业深度融合发展，成为国内生产和消费高效连接、企业降本增效的驱动力。智慧网点、"云仓储"、智能分拣机器人陆续出现，提升了客户体验。中国邮政把握电子商务发展机遇，为中小电商客户推出"仓储+订单处理+寄递"一体化服务模式，帮助大型制造企业完善物流供应链管理，为电商平台客户定制"中邮云仓"，不断提升客户体验。

### 5.2.2 中国邮政云仓的发展过程

#### 5.2.2.1 全国布局

中国邮政坚持提前布局、超前储备、建管并重。2014 年 7 月，中国邮政面向电商仓配市场成功推出"云仓"服务。2017 年 12 月，全国云仓网络布局已初步完成，拥有 472 个仓储中心，总面积约 361 万平方米，六大枢纽仓均具备百万单发货能力。

2018 年，中国邮政全面建成私有云平台，规模达 2 000 多个物理节点，实现了从传统 IT 架构向云架构的转变，满足业务的快速响应和弹性伸缩的需要；新一代寄递业务信息平台能够实现包括订单、收寄、分拣、运输、投递、仓储等从收到投的全流程可视化管理，系统连接 5.2 万个网点，具备了 1.4 亿件/天的处理能力，接入移动设备峰值达到 23 万台；大数据平台接入业务系统数据，形成 85 亿邮件基本信息和 810 亿邮件处理信息的数据集；CRM 平台整合了三大板块五大专业客户数据，构建了客户画像和客户资源共享能力，提升集团公司渠道管理、产品管理、市场营销、销售管理及客户服务等方面的管理能力；建立国内普通邮件全程时限监控系统，基于 RFID 技术实现对邮件在作业流程各个环节的"可视化"跟踪监控。

#### 5.2.2.2 数字化设备

为了与智慧云仓相匹配，实现由满足传统业务的传统邮政网向专注于包裹业务的现代邮政网的转型升级，并提高核心竞争力，中国邮政积极从软硬件两方面紧跟"数字化"时代大潮，将物流装备技术与人工智能、识别技术、路径算法、物联网技术、无人化等前沿领域有机结合，构筑"人工智能+机器人"的创新力价值体系。

一是机器视觉技术的应用，在邮政业务中体现为在单件分离、不同种类邮件分离、分拣小车邮件判断等不同场景中的应用。中国邮政在这些应用场景中应用了 OpenCV 图像处理、Ran sac 随机拟合算法、HOG 提取图像特征+SVM 支持向量机、深度学习等技术。

二是打造智能 3D 视觉机器人快件分拣系统。系统主要包括：工业机器人、基于 AI 的 3D 视觉系统、轻量化的物流多功能机械抓手机构、面单扫码系统、快件翻转系统、电控系统以及外围非标设备等。其中，机器取物 BinPicking 是当前研究的热点和难点，因其难度高、潜在应用场景多，有机器人操作的"圣杯问题"之称。在这个应用场景中，中国邮政正致力于开发机械抓手配合人工智能视觉系统，但其处理效率与人工相比仍有差距。

三是部署高速安检智能识别系统。中国邮政采用卷积神经网络识别算法，通过图像拍照、图像识别、智能判断，自动完成分拣中心的普通物品和危险品的安检识别，大幅减少处理中心安检人员需求，实现安检与分拣同步的功能。安检效率与高速分拣机效率匹配，每小时最高可分拣50 000件，只需要 1~2 人即可监控一台分拣机，有效降低了人工成本。

四是引入 AGV 分拣技术，也就是"搬运机器人"。该技术对分拣场地、地面载荷的要求变得更加柔性，可大幅增加分拣的目的地格口数量，更细化分拣颗粒度。采用 AGV 进行异形件的分拣和场地笼车的搬运，能够降低人员的劳动强度，提高企业效益。

五是研发无人车技术。无人车技术的普及可以提高整个行业甚至是社会的运转效率，提升企业服务品质。中国邮政的无人车可通过摄像机、激光雷达、毫米波雷达、超声波等车载传感器来感知周围环境，依据所获取的信息进行决策，再由适当的工作模型来制定相应的策略，预测本车与其他车辆、行人等在未来一段时间内的运动状态，并进行路径规划。

六是加速数字化转型进程。随着中国邮政与华为、中国联通等企业的战略合作开展，未来将在智慧园区、云计算、大数据、SDN 敏捷网络、智慧网点转型等领域深入探索，促进中国邮政 ICT 数字化转型。通过运用物联网、大数据、云网一体、5G 等新技术，中国邮政在通信基础设施方面占据高点，进一步深耕智慧物联。

### 5.2.3 中国邮政云仓布局

5.2.3.1 中国邮政仓储网络

中国邮政的枢纽仓配节点遍布全国七大区域，为头部客户和品牌客户提供区域仓配一体化业务。枢纽仓与国家物流枢纽布局吻合，与中国邮政寄递网省际中心同址，区位优势明显，交通便利，能够稳定实现物流在区域内主要城市当日达或次日达、周边区域主要城市隔日达。

源头仓配节点聚焦高科技、汽车、医药、鞋服、快消品等制造业产业带，重点布局在 26 个产业集群地、货源地、快递源头城市。中国邮政重点关注服务制造业品牌客户的 VMI 仓储、成品总仓仓储、备件仓储、融合仓储等业务。源头仓与中国邮政寄递网航空中心、陆运省际中心同址，通过上仓下配、分拣前置、直发直运的模式，优化了揽收转运和分拣封发流程，提升了整体处理效率，进一步将全国范围配送服务时间缩短 0.5 天~1 天。

前置仓配节点主要布局在经济发达、消费水平较高的 12 个超一线城市、一线城市或常住人口规模较大的城市。前置仓与中国邮政寄递网的同城中心或本地中心同址，满足本地消费者或门店高效、准时配送服务需求，50%左右的订单可实现当日达，有效提升了服务水平。

5.2.3.2 中国邮政分层级云仓网络

随着仓配业务的不断发展，仓配项目与仓库数量不断增长，高端客户越来越多，需要建立符合邮政特点的分级管理体系。中国邮政根据仓储规模、运营服务水平、软硬件水平对全国仓储进行分级。中国邮政已经完成218 个仓库分级评定，其中一级仓 17 个、二级仓 24 个、三级仓 34 个、四级仓 33 个、五级仓 110 个。针对各仓运营现状与短板，中国邮政制定了"一仓一策"专属升级整改方案，促进了仓储运营管理水平不断提升，更好地服务客户，提升中国邮政仓配的竞争力。

依托分层级、广覆盖的仓储资源，中国邮政服务高科技、快消品等多个行业品牌客户，提供区域分仓、库存下沉、区域内次日递、区域间隔日递、增值业务等综合一体化服务。

中国邮政依托自建与外协等多种手段，建立了遍布全国的仓储网络，帮助客户将库存货品直接运输到离需求端最近的仓库，系统性缩短履约时间并节约运输成本，提高货物周转率。中国邮政能够为客户量身定做精细化的"门到门"物流解决方案，快速、高效的物流反应与执行能力能够满足客户最快一周开仓的需求，实现单仓旺季百万单发货与快速分拨发运。

### 5.2.4 中国邮政云仓的解决方案

#### 5.2.4.1 中国邮政云仓助力"双11"

截至 2019 年，中国邮政已建立以七大区域枢纽仓群为主、"100+城市"下沉仓为辅的云仓网络，遍布全国的仓储网络运营面积超过 320 万平方米，能够大幅降低运营成本，使端到端交付效率更高。同时，中国邮政针对同一客户多类仓储业务，进行集中运营、统一管理、资源复用、全渠道库存共享，实现了"一盘货、全渠道"的整体服务方案。中国邮政还在东、中、西部建立了自动化智能标杆仓，广泛应用 AGV、多层穿梭车、AS/RS 等自动化、智能化设备，并与领先企业合作探索大数据、物联网、AI 云计算等新技术在仓储领域的普及应用场景，以数字化手段改造传统仓库。同时，中国邮政重塑 PDA 支付流程，全面实现聚合支付，升级寄递平台，为客户提供多种便利，满足客户需求。2019 年面对"双11"业务高峰期考验，中国邮政共启动了 38 个能力提升项目和 20 个集包作业配套改造项目，新增处理能力 1 660 万袋件/日，全网 85 个一、二级中心局峰值处理能力达 7 000 万袋件/日。中国邮政正积极发力，从生产调度、仓储分布、订单处理、客户服务等方面全方位强化服务保障。

在生产调度方面，2019 年"双11"期间，中国邮政将通过实施联合指挥调度，实现现场"7×24"小时实时动态监控收寄、处理、服务等全环节作业组织。中国邮政指挥调度中心管控有力，精准调度：在千条线路大提速的基础上，省际干线陆运邮路累计发班 5 万余班次；车辆运输里程累计达 5 868 万千米；部分重点省会处理中心连续 7 天单日接卸 300 台车以上；动态增发 3 000 班次，维护邮路计划 10 万余条次；为加快邮件出口速度，调整 33 个中心局的出口邮路，减少 467 个邮路格口，新增 80 条地市直发带运全省邮路；为加快邮件进口速度，调整 11 个中心局卸交站序，涉及 124 条邮路。

在仓储分布方面，2019 年"双11"期间，中国邮政在华北、东北、华东等 7 大区域、122 个核心城市均有仓储资源，基于大数据分析，为行业大客户提供区域配送中心、前端物流中心、前置网点的仓储、配送及增值服务等综合一体化全国云仓服务，发货量较大的区域仓单仓发单量超过130万单，有效解决了商家订单配送的时效问题。同时，中国邮政推出的"作业神器"也让旺季服务更快、更稳、更优。

在订单处理方面，中国邮政积极推广应用前置集包、混合收寄、"矩阵+摆轮"、进出分开等模式，大大提升了作业能力和生产效率。在加强航空运能保障的基础上，中国邮政充分利用车辆运行管控平台建立邮政车辆运力池，实现运能资源全网有效共享，并应用平台大数据分析车辆接卸高峰时段，合理安排作业计划，有效保障了商家大促订单的庞大运能需求。中国邮政还对新一代寄递平台处理能力、安全保障等多方面进行了优化，平台订单接入能力达到2530万单/小时，收寄能力达到2753万单/小时，切实保障了旺季收寄需求。

在客户服务方面，2019年"双11"期间，中国邮政除增配"11183"呼叫中心及各地客服人员，确保11183电话热线、网上在线、微信公众号等客服渠道畅通外，还将进一步拓宽对电商客户的客服渠道。菜鸟和拼多多客户可直接在菜鸟智能服务宝和拼多多客服平台上接入"11183"的网上在线客服。

2019年，中国邮政仅用时3分钟便将"双11"第一个包裹完成出库，2019年11月11日当天订单量超1亿件，包裹快递揽收量达6668万件，同比增长91.5%，从前端消费者下单到完成出库的平均时效为3.85小时。2019年11月11日至20日，中国邮政包裹快递（标快、快包和国际业务）累计订单量超4.2亿件；累计收寄量超3.9亿件，同比增长56.7%；累计处理量超6.8亿袋件，同比增长64%。

"双11"所取得的一系列成果，为中国邮政进一步加快源头获客、拓展市场以及邮政各板块强化协同发展打下了坚实基础。"双11"这一关键战役的胜利，进一步坚定了邮政寄递业务发展的方向。

5.2.4.2 中国邮政与雅戈尔合作云仓项目

（1）项目目标

在浙江宁波，早在2016年，中国邮政就与雅戈尔集团共谋合作发展。中国邮政基于全国云仓及O2O等全景供应链服务理念，携手雅戈尔集团共同打造集数字化、自动化、信息化、智能化于一体的源头总仓。中国邮政突出智能仓储在供应链中承上启下的作用，构建稳定、可靠、性价比高、仓配一体的自建物流网络，为雅戈尔集团提供物流分析、仓储规划、智能化物资运输和调拨以及全环节信息共享支撑；推进全国"云仓+干线+配送"的合作，构建全景智能供应链，助力雅戈尔集团实现"线上推广、线下体验，线上销售、线下服务"的新零售业务场景。与此同时，中国邮政以雅戈尔集团全国云仓及O2O等全景供应链业务合作为目标，从配送延伸至价值链前端的产、供、销、配等环节，并利用大数据分析，结合多元化服务，逐步为雅戈尔集团提供综合物流服务。全覆盖的配送网络和专业化的服务能力，为中国邮政赢得了品牌美誉度和市场影响力。

中国邮政通过货品资源的集中化管理和智能化管控，与雅戈尔集团的合作经历了从单一的寄递服务逐步向全景供应链深度融合发展的过程。如今，浙江邮政通过仓配一体化承包的方式，切入雅戈尔集团供应链体系，实现了货品资源的集中化管理和智能化管控。

（2）项目实施情况

在实际运作中，雅戈尔智能仓项目建立"目标到人、任务到人、责任到人、考核到人"的机制，提高精细化管理水平，并在以下四个方面实现自我超越：信息系统更智能——通过大数据对接，实现调度管理可视化、云仓联动实时化，为制造业提供速递和物流业务融合的"个性化定制+专业化服务"；仓储运营更高效——工艺设备的自动化，使得仓内实物与信息匹配度大幅度提高；门店备货更精准——使产品可以快速出库、准时配送，支持小批量高频次和O2O补货需求，大数据平台还能提前了解或判断客户需求，优化云仓分布和大促活动备货；门店营销更精准——通过客户画像，进行促销推送和门店智能导购，开展精准营销。

该智能仓的建设分为两期：一期旨在满足2025年日均处理的刚性需求；二期则规划配备门店发货路向分拣机、退货与小件集包分拣机。同时，中国邮政对存储及拣选能力、机器人整箱拣选能力以及机械臂自动拆码垛系统进行扩容，为业务峰值期预留足够的空间。

中国邮政为雅戈尔集团构建多穿立体库，面积为3 500平方米，高度达13米，配置了126辆穿梭车和7台提升机。在多穿立体库、机械臂、KIVA机器人等智能化装备的支持下，雅戈尔集团轻松实现了"货到人"的拣选模式。在发货环节，前端的拣货是最关键的。而在智能云仓，商品一进入仓库就开始了"货到人之旅"。它们到达多穿立体库后，根据系统的指令自动进入拣选台，随后被输送到复核环节，工作人员只须在电脑前确认信息无误后就能进行塑封包装。经过量身定制的自动塑封膜在打包后到达指定位置，等待装车出发。智能云仓的商品实现分拣封发前置，仓储现场直接发货，省去了分拣中心环节，点对点装车发往目的地或航空集散中心，重点城市直发运输占比达到 63%。这种方法不仅降低了经营成本，还提高了客户体验度，进一步推动供应链的深度优化。如此先进的物流仓储系统，能源消耗、资源占用却极少。仓内引进全球领先的光伏发电设备，助力自动化仓储、自动化输送和自动化分拣，突出环保理念，节能降耗，共筑"绿色物流"。

根据雅戈尔集团在全国范围的子公司分布及营销数据，宁波邮政还规划建设华北、华南、中西部三个 RDC（区域配送中心）仓。它们利用智慧中台系统，实时引导物资在全国各生产基地、云仓、门店等调拨。RDC 仓可完成"订单分配+仓储+快递物流"的一体化配送服务，就近服务于雅戈尔线下门店和电商补货。消费者可以在线上下单，通过 RDC 仓或线下最近的门店进行配送，享受最短的收货时间和最低的价格。同样，消费者到店量体，若店里没有现货，也可以在门店下单，由线上或线下有货的其他门店进行配送。

（3）项目效果

2019 年，雅戈尔电商项目共实现收入 1 230 万元，同比增长 23%，日均发货 2 000 单，"双 11"期间峰值更是达到了 12 万单。智能云仓能够实现货物的快速打包，借助多穿立体库、机械臂等智能化装备，能从 5 万多个品类中迅速、精准挑选出消费者购买的货品，送入接下来的复核、打包等环节。1 分钟内就有 10 个包裹整装待发，启程送达消费者手中。在中国邮政的帮助下，雅戈尔集团的物流业务更加专业化，货品上架时间缩短至 8 小时以内，发货至江浙沪必须是次日达，偏远地区要实现隔日达等。

截至 2020 年 4 月底，邮政渠道寄递雅戈尔市场份额占比提升至 99%，仓储用地面积已从原来的 2 万平方米增加到 5 万平方米，日常服务峰值库存量从 100 万件增至 200 万件。智能云仓的日常订单处理量每小时可达 1 000 单，高峰时工位全部开启的情况下能达到 3 000 单以上，成本比常规的人工拣选节省一半以上。仅 2021 年，就有 600 多万件雅戈尔服装从这里运往全国各地，仓储规模及复杂性创下中国邮政系统服装类目商品之最。

### 5.2.4.3　山东聊城云仓项目

（1）项目背景

近年来，聊城市电商规模不断扩大，对物流的要求不再局限于提供简单的快递业务，而是全供应链的优化。因为传统的仓储已无法适应新时代电商的需求，需求在向多仓甚至是基于大数据而建立的云仓转型，并逐步升级为由大数据支持的仓网格局。在此背景下，中国邮政推出"云仓"服务，依托中国邮政品牌实力，对仓储、封装、打单、分拨等各环节提供一揽子服务。

（2）项目建设情况

近年来，聊城邮政积极推动邮政速递物流与互联网的融合发展。其邮政云仓处于转运中心院内，交寄便利、截邮时间较为宽松，当天19点前寄出的邮件均可当天发运。仓库内消防设备、环保设备及硬件设施均符合验收要求，可以最大限度地保障货物安全。

聊城邮政云仓配备认真负责的专业库管人员，采用完善的配套库管软件记录货物的入库及出库信息，配备一名专业客服人员处理售后问题。邮件发出后全程监控，及时解决物流延误问题和货物损坏问题。

区别于传统的物流仓储，入驻中国邮政"云仓"后，商家无须支付仓储租赁费用即可享受到仓配一体化的服务。

（3）项目效果

自从聊城邮政云仓建成之后，仓配一体的服务让物流环节流畅了很多，非常方便。截至2021年，入驻云仓的企业有4家，日均出货量2 000件。山东万佳优品有限公司于2021年1月入仓成功，主要通过电视广告销售电器，产品主要为料理机、破壁机以及空气炸锅。在入驻邮政云仓后，新型仓储模式既实现了和电商营销的完美对接，又推动了物流体系智能化升级。


## 5.3　物联云仓建设案例分析


### 5.3.1　物联云仓的建设背景

电商和新零售的持续发展，特别是微商、社交电商、社区商店等中小企业不断入局，推动着中小微用仓需求井喷。但中小微用仓需求具有"面积小、时间不确定性高、预算少、碎片化、管理复杂"等特征，面临着"找仓难、仓租成本高、仓配运营质量难保障"等现实困难。用仓时间、空间、费用极具弹性的共享仓模式，或将有助于扭转这一行业窘境。

四川物联亿达科技有限公司（以下简称"物联亿达"）成立于2011年，是顺丰旗下致力于提供数字化仓储物流综合服务的科技公司。物联云仓是由物联亿达推出的一站式仓储电商综合服务平台，于2015年10月上线。物联云仓凭借自研的物流SaaS系统与Waas数字化物流管理平台可为企业提供一站式仓储物流数字化管理整体解决方案。物联云仓旨在通过"互联网仓储服务平台+云端应用+线下服务"的方式，为传统行业实现高效、经济、快速的转型升级提供坚强支撑，并逐步推出更多的融合服务。"物联云仓"互联网平台正全力打造为全国性的仓储物流综合服务平台，现已汇聚全国230多个城市、超3.8亿平方米的仓储资源，企业会员超过3万，形成园区规划、数据报告、数据服务、经纪服务四大核心能力，成为中国仓储与配送协会指定的战略数据平台。

### 5.3.2　物联云仓核心技术与服务

　　随着产业互联网、电商模式变革带来的对供应链智能化、柔性化的新挑战，传统线性供应链模型应该转变为以数字化为核心的数字化供应链网络。在此背景下，企业需要快速整合现有的供应链以及物流资源，以应对新的市场挑战。企业物流数字化管理绝非利用单个仓储管理系统（WMS）、运输管理系统（TMS）等就可实现，而是要求企业必须具备综合性的物流整合及数字化能力。在供应链管理创新方面，物联云仓通过大数据、物联网、人工智能等新技术，创新应用于物流行业，整合自身优质资源，向平台化布局、科技化发展、供应链一体化资源整合的三大方向同步发展，推动物流行业的发展和进步。

5.3.2.1　WaaS数字化物流管理平台

　　WaaS数字化物流管理平台（见图5-5）是物联亿达基于"仓储即服务"的理念，提供以订单履约端到端交付为核心的"透明化、智慧化、全链路管理"云解决方案，旨在通过优化物流中人、货、路、场各要素带来物流整体效率的提升。该平台整合了订单管理系统（OMS）、仓储管理系统（WMS）、运输管理系统（TMS）、经营效能管理系统（BMS）和物流控制塔等物流SaaS系统。该平台以物联传感云平台集成物联网传感设备，实现数据自动采集和实时监管，快递协同管理平台打通主流传递接口，以订单履约端到端交付为核心的透明化、智慧化全链路管理的云解决方案。

| 50 OMS订单管理系统 | 50 BMS经营效能管理系统 |
|---|---|
| ·智能管理多渠道订单<br>·兼顾多货主多业务场景<br>·订单全生命周期跟踪<br>·全渠道—盘货管理<br>·大数据智能决策 | ·灵活出账核账，提升对账效率<br>·效能管理实现精细化用工管理<br>·预测经营情况，实时掌握绩效情况 |

| 50 TMS运输管理系统 | 50 WMS仓储管理系统 |
|---|---|
| ·融合物联网，仓配全流程透明可视<br>·智能计划调度，节省运输成本<br>·干配一体化，全运输业务统一管理<br>·多运力管理，支持物流承运和快递配送 | ·全渠道业务场景支持<br>·支持齐套/BOM管理<br>·库内作业智能推荐策略<br>·"数字仓管"现场监管<br>·全流程条码化、无纸化管理<br>·WCS快速对接 |

**图 5-5　WaaS 数字化物流管理平台**

50 OMS 订单管理系统作为订单管理中台，已打通数十个对接主流电商平台的 ERP 系统，同时针对京东、淘宝、拼多多、抖音、快手等主流电商实现了直联。其核心功能包括：多仓的全局库存管理，实现智能分仓；订单仓储、运输过程中的全程路由跟踪和异常预警；售后协同，即打通售后过程中物流管理痛点，使客服、仓配服务商、财务等部门进行协同服务；统一快递/社会运力接入，包括面单号申请、路由跟踪、异常监管等，并与国内主流快递服务商实现了互联互通。

50 WMS 仓储管理系统可适配多种场景的仓库精细化管理。系统具备四大主要特性：第一，实现作业流程、策略规则、单据模板可配置，灵活适配不同仓库实际情况；支持同仓"2B+2C"作业模式；支持电商日常、大促期间不同的业务处理模式。第二，支持复杂的仓网模式，实现企业级全网统一主数据、库存及 SOP 管理，支持条码化管理、效期管理、库内加工管理、序列号管理、智能包材管理；提高仓库标准化程度与作业效率。第三，端到端的实物物流可追溯性，快速定位各类异常风险以便管理介入。第四，系统性能稳定，经过"双 11"大促考验，单仓单日可处理超100 万订单作业。

50 TMS 运输管理系统实现运输过程的全链路管理，支持干线、城配、短驳等多种场景，涵盖资源管理、车辆调度、在途监控、GPS 跟踪、回单及结算等的综合管理。具体场景包括支持干线业务的分段联运、外转管理；支持城配和短驳的多点装卸货、循环取货；周转箱回收；支持自有车辆管理，第三方运力等多种运力管理，对第三方运力的 KPI 进行监管；接入物联网设备，实现冷链、高货值运输环节的智能监管。

5O BMS 经营效能管理系统通过自有的计费规则引擎，适配物流业务复杂的计费模式，实现从服务管理、合同管理到计费管理的全面覆盖。具体功能包括从项目维度进行计费管理；支持阶梯计价、累进计价、总量折扣等多种计价方式；账单的生成、修改、调整、审核、收付款、发票管理的全程日志可追溯；提供多维度经营管报分析及分级预警；业财一体化，已集成用友、金蝶、SAP、EBS 等主流 ERP 系统。

### 5.3.2.2 "智多方"

"智多方"是物联亿达依托全方位科技能力和平台资源，充分发挥云管边端的协同优势，为物流园区、工厂园区量身打造的一体化、轻量化综合管理产品。其运用的软硬一体产品形态、新一代组网方式 SD-WAN/5G 专网以及搭载的智慧园区管理系统，让管理者可以像使用手机一样安全、便捷地对园区运营场景进行数字化管理，提升园区内部经营管理效率，实现园区增值创收，提升园区的持续竞争优势。

物联云仓提供数字化运营服务，利用平台仓储资源、物流 SaaS 系统、专业的运营管理服务团队，为客户提供一站式、轻重结合的标准化、数字化的仓储、配送和快递服务。

（1）数字仓储服务

仓储环节中面临着诸多痛点，包括：多服务商参与，环节间衔接问题多，服务易脱节；不同区域服务商服务能力参差不齐，管理难度大；仓库间运营数据割裂；仓网运营难优化等诸多问题。

物联云仓现有仓源量超 4.0 亿平方米，类型丰富。基于现有的丰富的云仓资源池，物联云仓利用算法驱动精准选仓，形成企业的仓储网络，借助 SaaS 系统实现全渠道多模式协同仓储精细化管理、提供标准的仓库作业 SOP 并可灵活配置策略、全流程条码化无纸化管理等功能，加快临时闲置库区价值变现。

（2）数字配送服务

现有配送服务中存在着诸多痛点，包括：运配业务复杂，多承运商服务管控难度大；市场中运力质量参差不齐，无法完全满足运配需求；物流环节断链，运配网络难以发挥价值。

物联云仓的云配能力已覆盖全国 26 个省份、52 个城市，提供整车、零担、干支线和城配服务。基于现有资源，物联云仓借助 SaaS 系统实现物流端到端多方实时协同管理、全链路作业节点全程可视化、智能计划调度及自动计费等功能，为企业定制高效的数字配送服务。

（3）数字快递服务

现有快递业务中仍存在诸如小批量零散发货，议价能力低；仓储、运配、末端快递环节分离，履约效率低；收派件时间难以匹配客户需求，投诉易发等痛点。

物联云仓目前已具备覆盖全网的快递服务网络，包含快递服务商和微仓等客户入驻。基于现有资源，物联云仓利用 SaaS 系统实现配送过程中的一站式管理和电子回单及时可查等功能，通过快递服务商和微仓将快递准确、高效地送至消费者。

### 5.3.3 物联云仓的解决方案

将 SaaS 理念应用于仓储物流，通过以仓储、物流、结算为核心的 SaaS 系统，助力家居家电、生鲜副食、日百生鲜等众多行业实现物流信息一体化、透明化管理，帮助客户建立自己的数字化物流中台，实现降本增效。WaaS 平台采用统一架构、模块化组合的形式，可灵活配置仓储+快递、仓储+结算、运输+结算等一体的多种业务场景。

#### 5.3.3.1 定制家居行业云仓平台的搭建

定制家居行业自 2018 年以来面临着重大的变革，单一的渠道与产品已无法满足消费者需求，多元化渠道和多产品线布局成为行业新特色。线上销售渠道和商业模式的变革，对企业综合能力也提出了更高的要求。现代筑美家居有限公司（以下简称"筑美"）成立于 2007 年，是碧桂园旗下全资子公司，主要生产木门、地板、橱柜、衣柜、卫浴陶瓷等产品。经过多年的沉淀与发展，公司已形成"工程+零售"的双引擎发展模式。

随着业务的高速发展，如何搭建生产基地、工地之间的仓配一体化物流体系，提升整体服务能力，打通从上门测量、材料储备、排产下单、智能制造、物流运输、施工调配、规范安装、售后跟踪的全商业链路成为筑美亟待解决的难题。在家居仓储物流领域，传统的管理模式已很难满足定制家居的仓配运营管理需求，企业面临诸如作业难度大、管理复杂化、成本控制难、运营效率低等难点。

项目伊始，物联云仓实施团队对筑美的产品进行了深入的研究，总结出以下两个特性：

（1）产品分类。筑美的产品分为标品和非标品，标品是备库式生产的通用型货品。非标品就是按照工程项目的地点和户型等特定的需求按单生产。SKU 编码规则复杂。产品结构分为多级 BOM 和单级 BOM。以橱柜产品结构为例：如果一个组装橱柜要分为柜体、门板、顶封板、垫条以及其他成品的组件，每个组件都有一个单独的 SKU，也就是产品编码，多个产品编码共同组成了一套橱柜，这种产品结构就叫多级 BOM 的产品结构。单级 BOM 结构是指一个组合橱柜有多个产品组件，但是每个产品组件里面都有多个规格，并且又没有明确的物料编码去区分。在单级 BOM 和多级 BOM 的基础上，工程定制家居行业又区分了图号、楼栋号、户型、单元、工单号。其中，图号是指设计师图纸的编号，不同图号对应着不同的户型、不同的样式、不同的款式等，这也是工程定制家居行业的特性之一。

（2）多级库存管理。筑美现有 ERP 的库存管理是按"套"来同步管理库存，而 50 WMS 是按最小库存单位——"包件"来管理，ERP 管控维度较粗，而 50 WMS 管控的是最精细维度，因此在项目实施过程中，需要考虑齐套规则，齐套之后再按"套"回传给 ERP，其中包括图号齐套、订单齐套、产品齐套。这种多级齐套，就是多级库存的管理。

结合筑美实际作业场景和产品特性，最终确定了筑美的云仓平台设计框架以及实施目标：

第一，产品成套。承接产品 BOM、包件 BOM，应用于仓库成套出入库。

第二，扫码作业。设计科学合理的条码系统，辅助日常出入库作业执行。

第三，库存管理。尽量减少现阶段扫码次数，实时查看货位库存情况。

第四，流程优化。通过分析、诊断乃至重组，优化仓库相关业务操作流程。

第五，库存预警。建立安全预警机制，结合 ERP 系统，优化供应链上下游的契合度。

第六，任务管理。通过系统规则与任务分配规则的灵活组合配置，驱动仓储出入库作业。

第七，物流追踪。实时查看物流车辆信息，包括运输路线轨迹、实际耗时、目标地点等。

第八，装车计划。实时查看月台车辆装货信息，实现通过微信、短信等平台通知司机。

第九，现场签收。提供项目现场收货后的签收信息，并且上传签收图片。

第十，资料联查。各系统提供单据、凭证、账簿、报表等资料，以实现动态连续查询。

第十一，结算管理。自动匹配运输报价单计算费用，根据计划线路自动生成运费，自动分摊成本。

第十二，数据联动。仓库业务产生的数据，如出入库数据、库存数据、回签数据等，可实时回传 ERP 系统。

结合筑美的目标，考虑家具行业的特性，确定了系统不同功能模块的配置，对 50 OMS、50 WMS、50 TSS、50 OTMS 等模块定制开发，实现各系统的有效对接，并结合筑美的发展规划上线各个系统。

项目上线后，筑美借助云仓实现了系统自动进行标签打印和拆分、扫码出入库及自动齐套校验、多维度的精细库存管理和实时对账以及实时数据回传与库存记录等功能，提升了筑美仓储作业效率、及时性和准确性，助力企业降本增效，减损提质。

### 5.3.3.2 餐饮行业的云仓应用案例

受疫情的反复影响，餐饮行业可谓瞬息万变。越来越多的企业意识到通过供应链优化节省成本、创造价值的重要性。但传统的餐饮供应链仍存在着运营成本不断上升、连锁化率低、供应链不够成熟、消费者需求变化快等问题。部分头部餐饮企业已经开始探索解决方法：一方面，以大数据、物联网、云计算等新兴技术为依托，围绕"人、货、场"三大要素进行数据采集和打通；另一方面，以消费者为中心，对整个消费历程进行全面挖掘，从而利用数字化技术优化供应链各个流程。

食材供应链是餐饮行业的中心，包含了采购、加工、仓配、流通等环节。物联云仓通过资源整合，为企业和消费者提供安全稳定的原材料，服务信息流、产品流、物流、资金流四个方面。虽然食材供应链拥有超过万亿级的庞大市场，但是食材供应链领域企业数量多且规模杂，行业目前尚未形成较为完备的体系和标准，被餐饮界公认为"最难啃的骨头"。

单从食材供应链的物流层面分析，包含了客户下单、供应商送货、仓库作业、配送作业、客户签收、结算等流程。这些流程各环节联系紧密，工序繁多，稍有疏忽便会给企业带来不可小觑的损失，这也暴露出行业的一系列诸如分拣作业难、人力物力投入大、订单量大、数据错综复杂、信息化程度低导致环节追溯困难、产品保质期短带来的成本控制管理难、财务核算工作量大、纸质单据易丢失等问题。

由于食材供应链具有复杂的业务流程，要想做到精细化管理，在规范运营的同时，要以信息技术来协调和连接食材采购、生产加工、物流管理等有关主体，以有效助力连锁布局，提升产品竞争力，降低成本费用，使食材生产商、食材供应商和销售渠道之间做到数据协同。云仓的应用能够有效提升企业的六大核心管理价值，特别是在库内作业方面。库内扫码作业、拣货到车、蓝牙电子秤和电子签章的应用，为仓库作业提供了新的思路，有效提升了库内作业效率。

（1）库位管理。库内动态库位管理，节省库内空间，提升库内周转率；每周七日轮流查看货位布局，减少人工布局时间，提升粗分和上架作业效率。

（2）品控抽检。PDA货品抽检数据整理分析，不仅可对质量异常高频发货品进行有效控制，还可以责任到人，提高品控管理水平，最终达到减少客诉、提高客户满意度的效果。

（3）运配管理。司机使用PDA扫码装货，有效防止错装漏装，可按货品品类智能排线，减少操作时间，支持多种运力对接，与10余家主流快递公司打通电子面单和系统接口。

（4）退货管理。PDA提供仓内退货、客户退货功能，适配多种退货场景，扫码作业，操作简单，后台提供分析报表，对退货作业形成完整的证据链，辅助责任方判定，减少纠纷。

（5）结算管理。运营与效能系统可灵活配置多种计费项和计费规则，并与仓储系统、运输系统数据打通，减少手动环节，自动生成账单，为结算提供数据支撑。

### 5.3.3.3　物联云仓赋能食材供应链

无论是在仓储、运输还是仓配协同环节，物联云仓针对食材供应链的多种业务模式，基于供应链协同一体化理念，根据企业实际需求按不同场景灵活配置解决方案。物联云仓在食材供应环节，可帮助企业建立数字化物流中台，赋能采购、仓储、物流、冷链、加工、检验、结算等关键节点，通过集中采购、运输、管理来降低采购、流通、损耗成本。食材供应链数字化物流中台解决方案聚焦食材供应、中央厨房、生鲜果蔬配送三种模式，实现食材的快进快出、生产 BOM 及包材的精细化管理、非标品生产加工、越库直送、蓝牙秤自动称重与分拨等目标。

为适应食材供应链更为深远的发展，物联云仓顺势而为，凭借着丰富的仓配资源和物流全场景 SaaS 系统，为餐饮供应链平台、水果生鲜食材供应商、团餐等提供服务，从解决方案设计、仓储规划、运营实施管理到数字化物流中台系统运维，满足客户个性化需求。

# 5.4　联想云仓建设案例分析

## 5.4.1　联想云仓的建设背景

随着智能化和数字化技术的不断发展，云仓将成为未来物流行业的重要趋势之一。在医疗、电商、制造等领域，云仓已逐步应用于供应链管理、快速配送、减少库存等方面，并取得了显著的效果。联想作为企业数字化和智能化解决方案的全球顶级供应商，积极推动全行业在智能物联网（smart iot）、智能基础架构（smart infrastructure）和智能垂直行业（smart vertical）三个领域变革。通过 3S 战略的推进，联想要成为智能化时代的引领者和赋能者。

由于联想原有的物流体系是建立在传统 TO B 模式上，属于大分销物流体系，无法满足新的全渠道智慧零售对物流体系的要求，即物流不仅要支持 TO B 体系还要支持 TO C 和 TO B 体系，且要互相融合，实现库存共享和就近配送。为此，联想物流团队和业务部门经过周密的调研和论证，创新性地提出在原有统仓共配 SEC（shipping to end customers）模式基础上，将现有全国 7 个中央仓（central distribution center，CDC）、31 个省仓（province distribution center，PDC）和 3 个城市仓（town distribution center，TDC）升级为智慧云仓体系。而联想作为非物流企业建立智慧云仓的目的主要有以下三个：

（1）多模式发展对供应链提出新的要求

联想已经从传统的 B2B 模式进入多元业务模式并存且共同发展的模式，包括 B2B 的惠商模式、B2C 模式以及线上和线下一体化的智慧零售模式。传统的各个独立的物流仓储网络已经不能适应越来越多的模式，传统的供应链已经无法满足商业模式的需求，商业模式的变革造成物流操作复杂程度的成倍提升。

（2）库存积压及高物流成本推动模式升级

传统物流模式中，供应商、各级代理以及门店之间层层备货，且根据预测情况进行补货和配送，导致库存成本增加；同时，补货时需要逐层传达需求，环节多、响应速度慢，满足不了客户的灵活需求。高库存成本和多次重复的物流运作成本，都造成整体运作成本居高不下。

（3）传统物流模式使业务拓展受阻

每种物流模式的设计都是针对某种商业模式量身定做的，缺乏对其他业务支持的兼容性，造成前期资源投资大、后续转换成本高等一系列问题，尤其是针对快速变化的市场，整体网络的拓展性严重受限。

联想自 2013 年年底推出统仓共配 SEC 模式，将联想分销的物流职能分离，由联想统一物流管理和配送，打通前后端环节，实现端到端库存共享。

SEC 的中文意思是直达客户，源于英文"shipping to end customers"的首字母缩写，是为支持联想中国区直供客户专门搭建的一套物流仓配一体化运作体系，主要涵盖客户订单管理（分销和经销下单）、仓储单品管理（SN 出入库扫描管理 & 先进先出管理等）、配送计划管理、物流全程可视化管理、退货管理、费用结算管理、出入库和运作指标报表管理等服务功能。

SEC 模式运作之前的联想物流体系是先从联想中央仓（CDC）送货到省会仓（PDC），PDC 再落地分拨到分销商仓，分销商接到订单需求后，再自行安排物流送到经销库房或门店。实施 SEC 模式后的物流体系是从联想 CDC 送货到 PDC，到了 PDC 就代表分销商已收货（分销商授权 PDC 代表收货），取消了分销库房。如果经销商或最终客户有销售需求，分销商会发出货指令到 PDC，PDC 会将货物配送到经销商库房或门店，该模式把所有分销的货物集中由联想指定的物流公司统一进行仓储和配送管理，实现统仓共配。

### 5.4.2 联想云仓建设的发展路径

#### 5.4.2.1 联想云仓全国布局图

联想作为全球领先的智能设备及企业 IT 解决方案提供商，在云仓领域拥有丰富的技术和数字化基础，其云计算和大数据分析技术为云仓提供了可靠的技术支持，实现了供应链智能性、透明性和高效性。此外，联想还采用 RFID 技术、无人机、自动搬运设备等技术，实现货品的智能化管理和快速配送。同时，联想将以物流数字化转型为重点，加强与客户之间的信息协调，提高资产利用率并降低成本，进一步提升生产制造企业的物流水平，为全行业的可持续发展打下坚实基础。

此外，为支持智慧云仓业务，联想启用了三级仓库资源（中央仓、省会仓、门店仓）的管理模式（城市仓和区域仓暂未启动）。北京、成都、惠阳和上海 4 个中心总仓已启用，覆盖主供省份；全国联想各直辖市省会分仓，覆盖本省；各线下及线上销售通路的门店仓，覆盖门店销售和 10 千米配送范围。

联想通过配备的三级仓库资源再加上供应商和自有工厂资源，实现中心总仓、省会分仓和门店仓的三级仓库库存共享，以及就近派送，并且支持多业务模式。例如，对于爆款产品，可通过备货到分仓快速交付当地客户；对于新品及小批量产品和难以预测产品，则备货到中心总仓全国发货；对于销量比较好的常销产品，门店仓则会备一部分安全库存，在支持门店销售的同时可支持门店 10 千米内 4 小时达的同城极速达业务，联想智慧云仓的仓库种类介绍见表5-1。

表 5-1　仓库种类介绍

| 仓库种类 | 中文名 | 定位和功能 |
|---|---|---|
| CDC | 中央仓 | 面向工厂和供应商的基地仓；单点覆盖全国（仓干配） |
| RDC | 区域仓 | 覆盖本省的邻近省份仓配一体和落地分拨；全国所有分拨仓干线运输 |
| PDC | 省会仓 | 覆盖本省仓配一体和落地分拨；到所在区域仓干线运输 |
| TDC | 城市仓 | 覆盖城市仓配一体和落地分拨；到省干线运输 |
| SDC | 门店仓 | 覆盖门店 10 千米范围内的仓配一体服务 |

## 5.4.2.2　联想云仓物流体系

联想物流系统升级为云仓物流系统，支持三级多仓库存共享与直发客户；支持采购、赊销、代销、借用、DOA、坏件、增值服务等多种库存管理类型；支持全网库存实时可视化，调货、退货、换货、DOA、转储、借用、补货管理；支持无序列号产品自制条码管理；支持订单就近分配，缺货订单自动转成借用/采购订单（其他分销商或中心总仓）等。

## 5.4.2.3　联想云仓的业务对接

与前面介绍的云仓功能相对应，联想智慧云仓主要有以下关键业务：

（1）多仓库存管理和直发客户服务。联想云仓支持多个仓库之间的库存共享，并能够基于客户需求快速进行直接发货。这意味着联想云仓可以将商品分布在不同的仓库中，让运营效率更高，也能根据客户的实际需求，将产品直接从最近的仓库配送到客户手中，缩短物流时间，提高客户满意度。

（2）多类型库存管理。联想云仓支持采购、赊销、代销、借用、DOA、坏件、增值服务等多种库存管理。这些库存管理类型能够满足企业客户对于库存管理的不同需求，例如代销模式下的库存管理需要结合销售数据及时补货或调整库存，而借用或 DOA 模式下的库存管理则需要跟踪配送记录以便及时归还或报废。

（3）全网库存实时可视化和多种管理操作。联想云仓通过云端技术实时整合全网库存可视化数据，并提供调货、退货、换货、DOA、转储、借用、补货等一系列多种管理操作功能。

（4）无序列号产品自制条码管理。这种条码管理适用于不需要使用序列号或者没有序列号标识的产品。如果产品中并没有序列号，对于库存管理也不能简单地依靠产品本身来区分，这时候就可以利用自制条码系统对产品进行分类管理，以方便进行产品追踪。

（5）订单就近分配和缺货原则。联想云仓根据订单信息将订单就近分配至相应仓库，并能自动将缺货订单转成借用或采购订单，从其他分销商或 CDC 来满足需求。针对智慧零售多渠道的订单，系统会通过如下优先顺序原则，优先确认和拣配货物：离客户最近门店、省仓、省内其他门店、跨省仓、跨省门店、全国总仓、同城 SEC 分销（缺货订单借用）、联想 CDC（缺货订单直发），并为每个云仓配备运输方案，支持以最快、效率最高的方案将货物送至客户处。同时，系统会根据产品销售特性，推动各级云仓的相应补货模式，最大化实现库存共享，减少端到端的库存总量，使货物更快送达客户。

#### 5.4.2.4 联想云仓的投资与预期收益

联想的财务报告显示，截至 2022 年 12 月 31 日，联想云仓的营业收入为 13.8 亿元人民币，同比增长 57.7%。同时，联想云仓的毛利率也呈现出逐年提升的趋势，2020 年为 30.6%，2021 年为 36.3%。这些数据表明，联想云仓在过去几年取得了显著的业绩增长，并且具有较高的盈利能力。对于联想云仓未来的投资计划，可以从以下三个方面考虑：

（1）技术创新。联想云仓可以继续加强技术创新，推出更加智能化的物流和供应链管理解决方案，提高企业的运营效率和客户体验。

（2）市场拓展。联想云仓可以继续扩大业务范围，拓展国内外市场，与更多的企业合作，提供更加全面的物流和供应链管理服务。

（3）产业合作。联想云仓可以加强与其他物流和供应链企业的合作，实现资源共享和优势互补，提高行业整体的效率和竞争力。

从收益的角度来看，联想云仓未来的收益取决于其业务拓展和盈利能力的增长。根据联想的财务报告，联想云仓的营业收入和毛利率均呈现出逐年增长的趋势，这表明联想云仓在盈利能力方面有较强的增长潜力。同时，随着物联网技术的不断发展和应用，物流和供应链行业的市场规模也将不断扩大，这为联想云仓提供了更大的发展空间。

需要注意的是，投资涉及风险。在考虑联想云仓未来的投资计划和收益时，需要综合考虑市场环境、行业竞争、政策影响等因素，进行风险评估和投资决策。

### 5.4.3 联想云仓的解决方案

目前，联想已完成多个物流业务管理系统（TMS、WMS、SEC 和 OMS）来支持业务的运作管理，同时实现了电脑端和手机端的多平台运作方式。结合物流业务的运作场景，联想云仓尽可能使物流服务提供商的操作规范化、无纸化，并积极推进电子签收，促进全平台资源优化和物流运作的全程绿色化。在数据对接方面，物流业务管理系统不仅与内部管理系统对接，还实现了与客户及物流服务商的系统和数据对接。这一举措不仅强化了业务信息系统的管理职责，还通过信息服务的方式，发挥了平台的资源集聚功能。

联想云仓基于联想自主研发的全程履约系统和物流业务信息系统，搭载联想物流微信公众号"想乐送"。目前，联想已实现电脑端和移动端的客户订单供应链端到端全程库存和履约信息实时可视化，包括下单、生产、资金审核、库存确认、发货、签收等关键供应链节点。

在运作体系上，联想针对智慧零售快速响应和极致客户体验的特点，联系物流制定有针对性的解决方案，如"同城极速达"解决方案、针对不同业务场景定制的SOP，并确保物流商培训上岗。同时，联想从意识层面上，对现有的体系进行改造，让物流服务真正做到实时在线，使客户随时随地都可以找到对的人并得到快速响应。

## 5.5 京东云仓建设案例分析

### 5.5.1 京东云仓的建设背景

在电商行业蓬勃发展的大环境下，京东作为国内知名电商平台，不仅需要面对越来越多的订单以及用户多元化的需求，而且需要解决物流配送、仓储管理等一系列问题。随着技术的发展、服务的同质化，以及前端商业业态的复杂化与供应链的分解再整合，单纯围绕"配送"展开的服务已经难以支持企业构筑差异化竞争的壁垒。因此，京东选择将招牌物流服务开放给全社会，希望以物流带动商流，进而打开新的盈利渠道。在这样的战略决策下，以整合社会物流资源，京东云仓应运而生。京东云仓是京东物流推出的仓储服务模式，该模式通过京东物流与符合京东物流服务要求的第三方仓储资源商强强联手，为资源商输出京东强大的库内管理系统和库内操作标准。

### 5.5.2 京东云仓的发展过程

京东物流构建了协同共生的供应链网络，吸引了全球各行业的合作伙伴参与其中。2017年，京东物流创新推出云仓模式，将自身的管理系统、规划能力、运营标准、行业经验等赋能第三方仓库，通过优化本地仓库资源，有效提升闲置仓库的利用率，让中小物流企业也能充分利用京东物流的技术、标准和品牌，提升自身的服务能力。同时，京东物流面向社会开放，京东云仓开始正式服务于京东之外的客户群体。积极切入体系外业务，不仅改善了京东物流的经营基本面，还为京东的零售基础设施之路奠定基础。2021年4月，京东举办了云仓生态伙伴大会，提出要以云仓为中心，形成生态圈，帮助合作伙伴进行运营、销售、技术及生态能力建设，提出要打造商家仓、享东东、京腾云仓和县域云仓等核心产品，为商家提供"商流+物流+信息流"的一条龙供应链服务。截至2021年6月底，京东云仓生态平台运营的云仓数量已超过1 600个。通过与全球合作伙伴的合作，京东物流已建立了覆盖超过220个国家及地区的国际线路。2022年5月20日，在京东"6·18"启动发布会上，京东首次公布"织网计划"的建设成果。京东以43个"亚洲一号"大型智能物流园区和全国范围内运营的约1 400个仓库为核心，搭建了一个高度协同、多层级的物流基础设施和仓配网络。图5-6为京东云仓赋能体系。

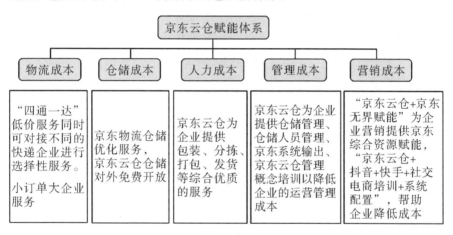

**图5-6　京东云仓赋能体系**

### 5.5.3　京东云仓的核心技术

京东云仓采用合作建仓的模式，整合国内闲置仓储资源。京东物流提供"云仓平台+WMS+TMS+库内仓储"作业规划，而合作方负责提供"仓库+仓内"运营设备和团队。京东云仓以整合共享为基础，以系统和数据为核心，从而进行标准化物流运作，赋能商家与合作商，提升商品流通效率。

随着人工智能、无人技术等技术战略的不断深化，京东物流在无人机、智能快递车、无人仓、服务机器人等一系列智能物流设备研发以及

WMS、TMS、BMS、OMS 等一系列系统管理软件方面加大开发和应用，为客户提供供应链一体化的智能仓储解决方案，致力于创建更丰富的应用场景，满足复杂多变的用户需求，实现运营效率和用户体验的提升。

京东云仓使用京东物流自研技术产品如下：

（1）天狼系统

天狼系统是京东物流自主研发的密集存储系统，由多种自动化设备、软件系统组合而成，可以解决仓储物流行业存储能力不足、出入库效率不高等痛点，并缓解仓储占地及人力问题。第三代天狼系统的硬件部分包括水平搬运的穿梭车、垂直搬运的提升机和兼具拣货、盘点于一体的工作站；软件部分则由自主研发的仓储管理系统（WMS）、控制系统（WCS）和监控系统（3D SCADA）组成智能调度系统，借助 5G 网络快速、精准地下达任务，最大限度地发挥设备作用，实现高效、精准、密集运营。第三代天狼系统的行走速度和加速度都达到国内领先水平，穿梭车行走速度为 4 m/s，加速度为 2 m/s$^2$；提升机升降速度为 5 m/s，加速度为 7 m/s$^2$；工作站自动供箱，效率达 600 箱/时，拣货效率是原来的 3~5 倍。在设备运行精度及识别精准方面，穿梭车定位精度为 ±3 mm；提升机定位精度为 ±1 mm；拣货准确率可达 99.99%。同时，穿梭车采用超薄车身，减少占有空间；提升机超高立柱可达 20 米，单位面积存储密度提升 3 倍多。天狼系统硬件由穿梭车、提升机、工作站、货架、输送系统以及供电、网络、安全等系统组成，在各子系统的配合下，实现高密度存储、高流量出入库等仓储作业，是目前以箱式存储效率最高的自动化系统。

（2）地狼系统

地狼系统是京东物流自主研发的一种典型的搬运式货到人拣选系统，利用地狼自动物流机器人（AGV）将货架搬运至固定的工作站以供作业人员拣选。地狼传统颠覆了"人找货"的拣选模式，变为"货找人"，工作人员只需要在工作台领取相应任务，等待自动物流机器人搬运货架过来进行相应操作即可。地狼机器人采用"货到人"的方式，通过二维码导航AGV 小车，将被拣选货架搬运至拣货员身旁，作业过程包含小件仓储上架、拣选，解决仓储人员作业时间长、奔袭路径长等问题，大大提高了生产效率、节省了人力成本，每小时的拣选数量可达 400—500 件，在全国处于行业领先地位。其主要承担仓内地面搬运工作，其最高承重达 500 千克，具备环境感知、自主导航、容器识别、无线开关机、一键归巢等功能，利用高精度伺服控制算法，可以实现较高速运行速度和毫米级定位精度，适用于仓储物流拣选作业环节中"货架到工作站"的搬运以及制造业中的物料的柔性搬运，是传统人工拣选效率的 3~5 倍。

### 5.5.4 京东云仓的解决方案

京东云仓实际上是京东物流面向整个社会开放供应链相关技术的一个窗口，把京东集团这么多年来沉淀的核心技术，以这种非常便捷的方式给社会所有的合作的企业去开放。京东云仓的出现，使以消费需求为出发点的新仓储布局模式代替了从前以产地为核心的仓储模式。云仓根据系统大数据预测，提前备货到就近云仓，为客户提供了更快、更优质的服务，大大提高了客户黏性。表 5-2 为京东云仓特征。

表 5-2 云仓系统（CLPS+WMS）

| 多平台 | 支持主流电商 B2C 平台，众多 B2B 业务系统的 ERP、ISV 系统对接 | 多行业 | 支持鞋服、3C、电器、美妆、视频、生鲜、母婴、户外、家居、等众多行 |
|---|---|---|---|
| 多货主 | 支持一个仓库多货主或一个货主在多个仓库的业务场景 | 多仓库 | 支持总仓、分仓、前置仓等；支持常温仓、冷藏仓、冷冻仓等 |
| 多端口 | 支持管理、合作伙伴、商家端多个端口的登录，保证信息安全 | 多设备 | 支持多种存储设备、传输设备、运输设备和信息设备的集成 |

#### 5.5.4.1 助力医药行业

2017 年，济南同科医药物流有限公司（简称"济南同科"）与京东物流在山东济南签署合作协议，成为京东医药云仓项目第一个揭牌的仓储物流合作伙伴。京东物流推出的京东医药云仓，提供系统的医药物流供应链解决方案，覆盖仓储、运输车辆、运输司机、干线配送、终端配送等各服务环节，服务客户包括生产企业、批发企业、连锁药店、医院和卫生站等。在物流仓储方面，京东物流将选择符合《药品经营质量管理规范》认证资质且具备现代医药物流资质的公司，作为京东医药云仓项目合作对象。京东医药云仓提供符合产品供应规范（GSP）认证要求的商品验收、入库、存储、养护、出库、配送等服务，构建强大且合规的药品储存、物流配送网络。从这些描述中可以看出，京东正在构建一个覆盖药企、仓储、物流配送的生态链。

近年来，京东建立医药仓储物流中心，承接互联网医院集群的线上药品销售以及配送的职能，并且通过医药仓储物流中心的建设为基层医疗机构提供"虚拟药房"，帮助基层医疗机构增加可销售药品的种类。

### 5.5.4.2 与腾讯合作建设"京腾云仓"

京东物流整合社会物流资源，将有超过 1 000 个京东云仓高效运转，满足商家在大促期间不同层级的仓配一体化物流服务需求，提升物流运营效率。

京腾云仓（见图5-7），是京东云仓打造的四大核心产品之一，以京东物流云仓的商品与物流服务为供应链场，打造的一个"技术+流量"的组合产品。京腾云仓一方面集成了京东物流的云仓技术、物流中台能力和供应链行业标准方面的优势，另一方面也具备腾讯智慧零售的流量聚合、全域数字化触点、智慧零售技术等能力。

| 腾讯广告 | 京腾云仓 | 微信支付 |
|---|---|---|
| 腾讯珠玑 | | 小程序 |
| 腾讯有数 | | 企业微信 |
| 腾讯营销云 | | 腾讯云 |
| 京东云仓 | | 京东快递 |
| 智能园区 | | 京东快运 |
| 无人超市 | | 京东冷链 |
| 智能机器人 | | 智能供应链 |

**图5-7 京腾云仓**

腾讯智慧零售平台上除了大品牌商家，私域流量还孵化了众多的中小商家，这些商家自身并不具备专业的供应链能力，而腾讯平台就亟须合作伙伴补上这方面的能力。基于自建物流以及京东云仓为重要组成的协同物流生态，京东物流方面已经构建起非常完善的物流基础网络，高成本投入需要规模化实现效益，大量的中小商家意味着更低的物流成本。两方一拍即合，推出京腾云仓。这种云仓模式与市面上的云仓产品显然有了很大的创新，不仅具备供应链履约能力，还从商流、营销流角度赋予了流量、选品的能力。

# 6 白酒产品云仓选址布局

## 6.1 白酒产品云仓选址布局原则

### 6.1.1 市场接近原则

仓库在白酒产品的流通过程中发挥着承上启下的作用,确保产品的顺利中转和及时送达。通过分析不同白酒的客户数量分布、特征,以及对产品或配送服务的需求等市场情况,企业应该优先选择需求量大的城市,秉承市场接近原则,降低运输成本,为客户提供更快速、高效的配送服务,缩短交货时间,从而提高客户满意度。同时,仓库接近市场能够及时对接客户需求,确保仓库现有产品能够灵活满足市场需求,提供及时的库存和服务。此外,距离市场近的仓库有助于企业更迅速地调整库存、适应市场变化,从而提高市场敏捷性和竞争力。

### 6.1.2 交通可达性原则

仓库作为白酒产品中转的核心枢纽,为其辐射范围内的城市自营店、经销商等配货,对所在城市的交通可达性有着极高的要求。仓库位于便于运输和物流的地理位置,能够有效提升供应链中的流通效率,降低产品在流通过程中的中转频率,进而保证产品安全。仓库位于交通枢纽附近,如港口、机场、高速公路和铁路节点,可以实现多式联运,提高运输效率。同时,仓库位于交通便利的地区可以降低运输成本,提高物流效率,从而优化供应链。此外,交通便利能够确保白酒产品顺畅流通,避免交通拥堵和运输延误,从而保证供销渠道顺畅运作,提高产品运输的安全性。

### 6.1.3　符合政策法规原则

符合政策法规原则在仓库选址中发挥着保障仓库合法合规运营的关键作用，有助于降低仓库运营中的潜在法律风险，提供更加稳固和可持续的运营基础。首先，仓库用地规划要合规，选择符合当地用地规划和建筑法规的区域，确保仓库建设不会违反政策法规。其次，要符合当地的建筑法规要求，仓库选址时要进行详尽的建筑审查，确保建筑物的设计和建设符合相关的法规标准，提升建筑的安全性。再次，不可忽略与仓库建设和运营相关的激励政策，包括税收优惠、用地补贴、劳动力培训支持等方面的政策。最后，仓库的建设要注意环境保护，选址时需要考虑当地的环保法规，确保仓库运营符合环保标准，减少对环境的不良影响。

### 6.1.4　基础设施完善原则

基础设施完善原则强调在选择仓库位置时考虑周边地区的基础设施建设和水平，以确保仓库运营的高效性、可靠性和顺畅性。基础设施包括电力和水源，选址时应确保该地区确保有稳定、可靠的电力和水源供应，以支持仓库的正常运作，降低因电力中断或水源不足而导致的业务中断风险。同时，通信网络的完善性是仓库选址中不可忽视的一点。在云仓的运营过程中需要实体仓库的数据支持，信息技术的应用能够有效提高运作效率和透明度，并实现与云仓平台的数据共享。因此，选择地点时需要确保有高速、稳定的通信网络，以保障信息的及时传递，支持物联网、大数据和云计算等现代技术的应用。

### 6.1.5　技术集成原则

云仓体系对实体仓库有数据需求，因此仓库建设要考虑到多种技术的集成原则。一方面，信息技术的完备性是仓库选址中的一个关键考虑因素。云仓体系的运转需要使用仓库管理系统（WMS）、企业资源规划（ERP）等软件，在选址时确保周边地区有高质量的互联网连接，以保障信息的流畅传递和系统的顺利运行。另一方面，云仓的运营离不开物联网技术的支持。仓库周边地区的物联网基础设施完善，有利于部署传感器、RFID 技术和其他物联网设备，提高仓库的实时监测和控制水平。因此，仓库在选址时需要全面评估周边地区的技术基础设施和发展趋势，确保选址的仓库能够充分利用现有信息技术，实现云仓体系的搭建，建立更加智能、灵活的云仓运营体系，为白酒企业的未来发展打下坚实基础。

### 6.1.6　可持续发展原则

可持续发展原则强调仓库选址需要综合考虑经济、环境和社会的因素，以确保仓库的运营不仅在短期内高效，而且能长期地对人类社会和自然环境产生积极影响。仓库选址时需要考虑选址用地资源利用效率和用地可扩展性，确保仓库运营具有最小的资源浪费和最大的效益，并具备适应未来业务增长的条件。同时，仓库建设时尽可能选择使用绿色能源的地区，如太阳能或风能，以减少对环境的负担。此外，仓库选址时应考虑周边社区的需求和福祉，确保仓库运营不会对社会造成负面影响，并在员工薪酬、劳动条件、培训机会等方面提供公平合理的待遇，推动当地的经济发展。

### 6.1.7　前瞻性原则

前瞻性原则强调选址决策的长期性和战略性，应着眼于长远发展，而不仅仅是满足当前的需求和条件。在仓库选址时，需要预测未来的政策环境和法规变化，选择符合法规要求且政策支持力度较大的地区，这有助于降低企业面临的政策风险，提高企业的发展稳定性。同时，选址决策需要紧密结合企业的长期战略规划，包括发展目标、业务范围、市场定位等方面，以支持企业未来的发展需求。另外，选址决策应考虑未来市场的发展趋势和变化，包括行业发展趋势、消费者需求变化、竞争格局等方面。能够适应市场变化和发展趋势的仓库位置有利于提升企业的市场竞争力。

## 6.2　云仓网络层级结构分析

云仓平台包含了诸多模块，涵盖了白酒企业不同产品的存储、销售、运输环节，而实现云仓平台的功能则离不开全国范围内的仓配网络。除了搭建云仓平台外，白酒企业需要加快基础仓库建设，形成能够辐射全国的"核心仓—中心仓—城市仓"仓储网络，紧密衔接云仓平台，加快白酒产品在全国范围内的流通。

### 6.2.1 核心仓布局分析

核心仓是白酒产品的战略储备中心，是实现白酒仓配网络布设、战略储备的重要节点。核心仓是白酒企业仓储网络的最高级别，是成品酒进入市场的第一环，负责存储、管理不同成品酒以及按照订单批量装运产品。核心仓应毗邻白酒产品的生产工厂，并具有便利的交通条件，因此，很多白酒企业将贵阳、四川等白酒生产厂商较多的区域，作为核心仓的首选城市。核心仓通过集中管理不仅能够实现高效库存管理，还能减缓生产中心的库存压力，为白酒企业的生产扩容提供了条件。

核心仓除了发挥仓库结构中的功能外，还作为云仓平台的数据源，统计、同步成品酒的出入库、在库信息等相关数据。数据的准确性和实时性能够加快产品调拨速度，快速响应客户订单，实现高效配送。核心仓对产品的溯源和安全性管理起到至关重要的作用。此外，基于历史数据的预测能够为产品的生产计划提供参考，提高生产计划的科学性，进而扩大产品的产能。

基于核心仓的功能作用，在选址时，应尽可能毗邻生产中心且具有较大的建设空间，同时还需要便利的交通条件。在仓库内部建设和布局中，则需要考虑核心仓的大规模仓储容量，结合白酒产品的存储条件以确保承载大量商品；同时，需要配备相关的 RFID、传感器等智能设备，确保产品数据的精准录入；此外，需要配置消防、监控设备、安全管理等软硬件设备，以加强核心仓的安全性管理。

### 6.2.2 中心仓布局分析

中心仓在白酒产品流通环节中发挥着承上启下的作用，是实现白酒企业仓配网络布设、战略储备的关键环节。中心仓作为白酒企业仓储网络的中间层，承接来自上游的产品供应，协调管理范围内城市仓的产品分配和库存。中心仓在仓储网络中作为中转枢纽，需要具备较大的辐射范围，因此应将各个省份的省会城市作为中心仓的首选城市。中心仓通过合并区域库存，优化库存流动，为城市仓提供库存以满足其需求，降低库存持有成本，从而能够快速响应特定地区内的需求变化，实现产品的高效流通。

中心仓除了发挥仓库结构中的功能外，在云仓网络的数据链中也是不可或缺的一环。中心仓关于产品的出入库、在库信息反映了该区域的产品销售情况，指导产品的分配情况，实现产品的动态库存和协同管理。同时，中心仓的数据相对于核心仓更为丰富，是产品溯源形成闭环的关键环节。基于历史订单、运输数据的预测能够优化产品的存放、订单拆分、车辆分配、路径规划策略等，提升区域仓储配送效率。

基于中心仓的功能作用，在选址时应优先考虑交通发达的省会城市，并考虑其服务区域的需求量和经济水平。在仓库内部建设和布局中，则需要考虑不同白酒产品的存储条件以确保商品的安全性和环境需求；同时，需要配备相关的 RFID、传感器等智能设备以及与上下层云仓的数据接入端口，确保产品数据的精准录入、同步与传递。

### 6.2.3　城市仓布局分析

城市仓在白酒产品流通环节中发挥着不可忽视的作用，是实现白酒企业仓配网络布设末端环节、紧密连接消费者的重要节点。城市仓是白酒企业仓储网络的末层，承接来自中心仓的产品供应，协调管理范围内的自营店、经销商的产品分配和库存，并及时收集、反馈客户需求。城市仓直接面向城市自营店、经销商，与当地的市场需求量密切相关，因此除省会城市外，其他高需求量城市应作为城市仓的首选地点。城市仓存储和管理城市或地区内的库存，以满足本地需求，处理小批量、高灵活性订单，与零售店铺或终端客户直接互动。

城市仓除了发挥仓库结构中的功能外，还是云仓网络数据链的关键一环。城市仓中产品的出入库、在库信息反映了该区域的产品需求情况，能够提高订单处理的及时性。同时，城市仓的数据来源具有多样性，提升了产品溯源的难度。此外，城市仓集中收集了终端客户的数据，反映了市场需求的特点，为产品的生产、改进乃至新产品的开发提供了重要参考。

基于城市仓的功能作用，在选址时应优先考虑城市的需求量、经济水平和发展趋势。在仓库内部建设和布局中，则需要考虑不同产品的存储条件以确保商品的安全性和环境需求。同时，需要配备相关的 RFID、传感器等智能设备，以及与上下层云仓的数据接入端口，以确保销售数据的精准录入、同步与高效传递。

## 6.3  云仓选址布局方法

### 6.3.1  聚类分析法

聚类分析法是一种多元统计分析方法，它根据数据对象的指定特征进行分类，将在特征方面相似度较高的个体划分到同一类别。白酒企业云仓选址问题是一个涉及多个因素的空间优化问题，在白酒企业云仓网络中，城市仓是最末端仓库，产品由城市仓发出后直接配送到客户。因此，在进行城市仓选址时应遵循靠近客户的原则，可以考虑利用聚类分析法识别出空间坐标（或其加权值）相互靠近的需求点，并将这些相互靠近的需求点划分到同一个城市仓的服务范围内，以缩短产品的运输距离，从而降低运输配送成本。

聚类分析法主要用于云仓网络法中的城市仓选址，包括以下步骤：

（1）基于白酒产品的历史销售数据，以城市为单位对各个产品及对应的销售渠道的销售量进行汇总，进而统计出各类产品在每个城市的总销售数据。每个类别的产品在单件产品的重量、体积、包装性质等方面存在一定的差异，因此，相同销售量的不同种类的酒产品所对应的运输量可能不同。为了将各类酒产品的特征考虑在内，需要为每个种类的酒产品指定一个运输系数。运输系数综合反映了运输单件产品所需要的平均运输量，包装重量越重、包装体积越大、运输条件越高的酒产品种类对应的运输系数越大，在运输时往往需要消耗更大的运力。因此，每个需求城市的总运输量是考虑各类酒销售量与相应的运输系数的加权和。

（2）选择合适的聚类算法，聚类算法通常包括 K-means 算法、层次聚类法、模糊聚类法、基于密度的聚类（如 DBSCAN）和基于网格的聚类（如 STING）等。在物流选址问题中，K-means 算法、层次聚类法和 DBSCAN 聚类的应用相对较多。K-means 算法与层次聚类法能够将空间距离相互靠近的需求城市聚为一类，从而能够针对每一个类别指定为其服务的城市仓，而 DBSCAN 聚类能够识别出相互靠近需求城市所组成的任意形状的簇，比较适合于交通线分布不规整、不均匀的地区的城市仓或中心仓的选址。在利用聚类算法进行云仓选址时，根据选址的实际特征选择合适的聚类方法是比较重要的一步。

（3）对需求城市进行聚类，首先需要选取合适的相似度评价方法。在云仓选址时，以空间距离来作为两个需求城市的相似度，具体可以使用需求城市间的欧式距离乘以迂回系数确定，也可以使用曼哈顿距离来计算。在云仓选址时，用城市之间交通干线的实际路上距离作为相似度的度量，更加符合实际情况。在设置好合适的参数后，通过聚类得到每个类别所包含的需求城市及其聚类中心的坐标。

（4）在聚类完成后，通常对每个类别的需求城市进行单独选址，此时问题转化为多个单设施选址问题。对于具体的选址方法，可以直接使用相应类别的聚类中心坐标作为云仓选址的结果，也可以借助其他选址方法，如重心法、最近邻法、最小二乘法等，来为每个类别的需求城市指定更为精确、高效的云仓服务位置。

（5）$K$ 值聚类模型

$K$ 均值聚类是一种常见的基于距离的聚类方法，其模型公式如下：

假设有 $n$ 个观测对象 $X = \{x_1, x_2, \ldots, x_n\}$ 每个观测对象 $x_i$ 是一个 $p$ 一维向量。

假设我们要将数据集分成 $\mu_k$ 个簇，其中 $k$ 是预先定义的聚类数目。

定义 $\mu_k$ 为第 $k$ 个簇的中心，则目标是最小化所有数据点到其所属簇中心的平方距离之和：

$$\operatorname*{argmin}_s \sum_{k=1}^{k} \sum_{x_i \in s_k} \| x_i - \mu_k \|^2$$

其中，$s_k$ 是第 $k$ 个簇的成员集合，$\mu_k$ 是第 $k$ 个簇的中心。

### 6.3.2　网络分析法

利用网络分析法进行云仓选址时，需要深度结合白酒企业在全国各地的销售网络、物流配送特点、实际销售和物流数据市场需求变化、物流成本变化、竞争对手布局、政策法规变化、技术发展趋势和区位发展优势等因素。

（1）明确目标和需求

确定网络分析法的具体目标和范围。确定云仓选址布局优化的具体目标，例如降低物流成本、提高配送效率、提升服务水平等。明确需要分析的白酒产品类型和相关市场需求。

（2）数据收集与整理

收集并整理分析与白酒云仓选址布局相关的数据，如收集营销相关的数据：各地区白酒销售量、市场需求预测等；物流相关数据：运输路径、运输成本、运输时间等；仓储数据：现有仓库位置、容量、运营成本等；地理数据：交通网络、地理位置、运输限制等；其他数据：政策法规、竞争对手仓库位置等。

（3）建立网络模型

基于以上收集的相关数据，建立白酒云仓选址布局的网络模型。确定供应链中的关键节点，如生产企业、潜在云仓选址点、零售商等；同时确定网络边并定义节点之间的连接关系和物流路径，考虑运输成本和时间等因素。设定模型中的参数，如运输成本、存储成本、服务水平、仓储容量等。

（4）模型求解与优化

使用网络分析方法对模型进行求解与优化。此处应综合考虑多目标优化和前瞻性因素的算法，如最短路径算法、最大流算法、最小成本流算法等，算法不仅要考虑当前的最短路径和成本效益，还要预测未来可能的市场和技术变化，以及这些变化如何影响效率。例如：使用最短路径算法来优化从生产基地到分销中心的路线时，还应考虑未来可能得的交通状况变化和成本波动；使用优化方法求解最优云仓选址布局；进行多次模拟和迭代，以确保结果的可靠性和稳定性。

（5）结果分析与决策支持

通过对可靠和稳定的决策数据进行分析，并对分析结果进行解释，如解释优化模型的结果，包括最佳云仓选址、物流路径、仓储容量等，可以为企业决策提供支持。分析关键参数变化对结果的影响，评估不同情景下的白酒供应链表现。

根据分析结果提出可行的优化建议，为企业决策提供支持。

（6）网络分析法模型

①变量定义：

$x_i$：二进制变量，表示在位置 $i$ 设立云仓，如果设立则 $x_i = 1$，否则 $x_i = 0$。

$y_{ij}$：连续变量，表示从仓库 $i$ 运输到客户 $j$ 的货物量。

②参数定义：

$c_i$：在位置 $i$ 设立仓库的固定成本。

$d_j$：客户 $j$ 的需求量。

$t_{ij}$：从仓库 $i$ 到客户 $j$ 的单位运输成本。

M：一个足够大的常数，用于确保约束条件的成立。

③目标函数：

最小化总成本，包括仓库设立成本和运输成本：

$$\min z = \sum_i c_i x_i + \sum_i \sum_j t_{ij} y_{ij}$$

④约束条件：

第一，需求满足约束：每个客户的需求都必须得到满足。

$$\sum_i y_{ij} = d_j, \ \forall_j$$

第二，供应量约束：从某个仓库发出的货物量不能超过该仓库的设立量。

$$\sum_j y_{ij} \leq M x_i, \ \forall_i$$

第三，非负性约束：运输量必须为非负。

$$y_{ij} \geq 0, \ \forall_{i,j}$$

第四，二进制约束：仓库设立变量必须是二进制变量

$$x_i \in \{0, 1\}, \ \forall_i$$

⑤扩展模型

如果需要考虑更多的现实情况，可以扩展模型，包括但不限于：

第一，容量约束：每个仓库的容量不能超过其最大容量 $c_i$

$$\sum_j y_{ij} \leq C_i x_i, \ \forall_j$$

第二，服务水平约束：确保某些客户在特定时间内得到服务。

$$t_{ij} y_{ij} \leq s_j, \ \forall_j$$

第三，多种产品：如果考虑多种产品，可以将 $y_{ij}$ 和 $d_j$ 扩展为多产品维度。

通过这个基本模型和相应的约束条件，可以使用优化算法（如线性规划、混合整数线性规划等）求解，找到最优的仓库选址和物流配送方案。这一模型帮助在成本、需求和供应之间取得平衡，从而优化白酒产品的云仓布局。

### 6.3.3　集合覆盖法

集合覆盖法是一种求解集合覆盖问题的方法，广泛应用于选址问题，其主要思想是通过选择最少的集合，确保这些集合的并集能够覆盖目标区域或需求点。针对白酒企业云仓选址问题，集合覆盖法可以帮助确定最佳的云仓位置，以确保服务覆盖范围最大，满足现有和潜在客户的需求。通过整合深度的销售和物流数据，我们应用优化后的集合覆盖法来寻找最佳的白酒企业云仓布局方案，更精准地满足不同地区的需求。

白酒企业云仓选址问题涉及在全国范围内确定最佳位置以建立云仓，以便有效地满足企业的需求，同时确保成本最小化，并满足其他目标。以下是集合覆盖法在白酒企业云仓选址问题中的应用步骤：

（1）建立需求和云仓选址集合。首先，利用高端白酒的销售数据和物流状况进行分析。例如，2022 年，高端白酒的营业收入达到 1 078.34 亿元，相比于 2021 年的 934.65 亿元，实现了 15.37% 的增长，这为识别关键的需求点提供了数据基础。其次，这些需求点主要位于大中型城市、经济活跃区域以及潜在的增长市场。在确定这些需求点时，考虑到高端白酒在各地的销售分布特点，比如在贵州、河南、山东等省份的高销量，则需要根据历史销售数据和市场趋势为每个省份的需求点分配权重，以确保它们的代表性和选址的合理性。

最后，考虑到数字化转型对消费者购物习惯的影响，如在线销售平台的兴起和新兴销售渠道的潜力，这些因素也必须纳入考量范围。同时，国家政策对物流基础设施的建设和发展给予了重要支持，特别是《"十四五"现代物流发展规划》中提及的物流大通道建设，农村物流、冷链物流和商贸物流等的发展，这为云仓的选址提供了政策依据。云仓选址除了需要基于实际的销售和物流数据，还应考虑到数字化趋势和国家政策的导向，以促进决策的精确性和高效性。

（2）建立成本或覆盖矩阵。评估每个云仓选址点的建设成本、运营成本，以及向各需求点提供的物流成本。这些成本可以表示建设云仓的成本、服务成本或其他相关成本。考虑数字化转型对物流效率的提升，如通过物联网优化库存管理和配送路线。

（3）确定目标函数。除了最小化总成本和最大化服务覆盖度，还需要考虑提升仓储物流的响应速度、准确度和透明度，以及强化供应链的数智化转型；考虑数字化进程对提升客户体验的贡献，以及区域经济发展对扩大市场份额的潜在影响，确保解决方案能够突破酒企现有的仓储物流瓶颈。例如，通过分析某款白酒在不同销售渠道的表现，如直销渠道的销量增长超过额定吨数，优化云仓布局以强化这些高效渠道的支撑。

（4）明确约束条件。除了考虑云仓的容量限制、最小（最大）距离等传统约束条件外，还应包括对白酒产品仓储物流现状的深度分析，如解决产能与配额不足、物流效率低、仓储利用率低等问题，以及考虑未来市场发展趋势和潜在的增长点。同时，还要考虑国家政策对物流行业的特定要求，如环保法规、土地使用政策等。

（5）求解问题。采用集合覆盖法，结合白酒产品的市场分布、物流现状和销售数据，通过算法优化找到最佳云仓选址位置。考虑到数字化转型和区域经济发展的动态性，算法应具有一定的灵活性和适应性，以应对未来的变化。例如，考虑到高端白酒在海外市场的销量增长和营业收入增长，云仓布局应支持国际供应链的高效运作，同时考虑到国内销售的增长潜力。

（6）评估解决方案。对找到的云仓布局解决方案进行全面评估，包括考察总成本、覆盖的需求点数量，以及白酒企业现有仓储物流瓶颈的改善效果。例如，评估新布局对提升高端白酒在关键市场的物流效率，如在广东、贵州、河南、山东等主要市场的表现，以及对提升客户满意度的影响。

（7）优化和调整。根据需要对解决方案进行调整，以满足特定的需求和约束条件，或者通过进一步的优化来改进解决方案。

### 6.3.4 多指标决策分析法

多指标决策分析法是一种在多个相互冲突的指标中进行选择和排序的决策方法。它通过构建综合评价模型，将不同指标的重要性量化为权重，从而实现对云仓选址各备选方案的综合评价和排序。云仓选址会影响物流效率和成本控制，对企业的长远发展至关重要。因此，采用科学的多指标决策分析方法，对白酒企业云仓的选址结果进行系统评估，是确保选址方案合理性的有效途径。

以下是多指标决策分析法在白酒企业云仓选址的实施步骤：

（1）关键指标及权重的确定。通过专家打分、德尔菲法，确定白酒企业不同白酒产品云仓选址的关键指标及各指标的权重。在确定云仓选址的关键指标时，需要结合白酒企业"十四五"发展战略规划，综合考虑不同模式的白酒产品的市场规模和产能分布，将市场需求变化、物流成本变化、竞争对手布局、技术发展趋势等前瞻性因素纳入指标确定的考虑范围内，面向白酒产品的未来市场变化确定关键指标。在评估指标权重时，重点考虑区位发展优势以及政策法规变化等前瞻性因素，充分结合白酒产品的销售数据、仓储数据、物流数据等历史数据，科学、客观地反映不同指标在选址布局中的重要性。

（2）指标数据的标准化处理。在多指标评价体系中，由于不同关键指标的性质不同，通常具有不同的量纲与数量级。例如，在 2022 年某款白酒的营业收入达到 200 亿元，某白酒企业现有年生产能力约 1 万吨，包装能力约 7 000 吨。其指标间的水平相差很大时，如果直接用原始指标值进行分析，就会突出数值较高的指标在综合分析中的作用，相对削弱数值水平较低指标的作用。因此，为了保证云仓选址结果的可靠性，需要对原始指标数据进行标准化处理。数据标准化的方法有很多种，常用的有"最小–最大标准化""Z-score 标准化""按小数定标标准化"等。

（3）结合权重和标准化数据，构建综合评价模型，计算最终云仓选址各选址方案的综合得分。首先对云仓选址备选方案进行初步筛选，根据聚类分析法、集合覆盖法、网络分析法等选址方法进行计算分析，筛选出若干可行的云仓选址方案。其次，应用综合评价模型进行评估，将各个云仓选址方案的相关数据输入综合评价模型中，计算各方案的综合得分。最后，对比分析云仓各选址方案的综合得分，推荐最佳选址方案。

### 6.3.5　ArcGIS（地理信息系统）

ArcGIS 是一种基于地理信息系统的软件，通过整合、分析和可视化地理数据，便于理解和利用空间信息。ArcGIS 包含众多功能模块，包括数据管理、地理空间分析、地图制图、定位服务等，通过这些功能深入挖掘数据，发现隐藏在地理空间中的模式和关系。此外，ArcGIS 支持多种数据格式，包括矢量数据、栅格数据、遥感数据等，能够灵活地处理和集成不同来源的地理信息数据。

ArcGIS 拥有强大的地理信息分析功能，通过空间分析、地理数据整合、可视化决策支持等功能模块，为白酒产品云仓选址布局提供了全面的地理信息解决方案，使得仓库选址决策更加全面、科学、准确，实现了选址结果的可视化。以下是可视化白酒产品云仓选址布局的具体步骤：

（1）空间分析与地理特征评估。打开 ArcMap，向空白图添加全国矢量地图数据作为底图。通过 ArcGIS 的空间分析工具，对不同层级仓库的潜在城市进行详细的地理特征评估。这一过程涵盖了对主要运输通道、交通节点、人口密度等要素进行空间分析，可以更好地了解候选位置的地理优势和劣势。

（2）地理数据整合。仓库选址过程中需考虑多种数据，包括但不限于市场需求、交通网络、竞争对手分布等。ArcGIS 的数据整合功能，能够将不同来源的地理数据有机结合，为全面的仓库选址分析提供基础。完成数据整合后，将之前选址方法得出的高端白酒的核心仓、中心仓、城市仓的选址结果数据导入系统。

（3）云仓选址数据可视化。利用 ArcGIS 的地图制图和可视化工具，创建交互式地图，采用不同的形状、颜色和大小标记不同类别的仓库，直观呈现潜在仓库选址区域的地理信息以及仓库之间的从属关系。

（4）导出布局图。将数据视图更改为布局视图，点击"插入"选项，选择"图例"，并逐一添加核心仓、中心仓、城市仓，选择合适的字体与字号；调节图例位置；点击"文件"菜单，选择"导出地图"，即可得到高端白酒产品云仓布局示意图。重复上述步骤，使用中端白酒产品云仓及该类白酒产品云仓选址结果数据，便可得到中端白酒产品云仓布局示意图、低端白酒产品云仓布局示意图。

## 6.4　白酒企业两级云仓选址优化

为了充分考虑物流配送效能，本节以某酒类云仓选址为例，首先通过聚类算法和重心法筛选出二级城市仓的选址，再根据二级城市仓的选址方案，指定服务半径，使用集合覆盖率模型求出一级中心仓选址方案，从而得出两级云仓的最终选址方案，以解决资源配置和物流效率问题。

### 6.4.1　问题描述

选址决策对供应链绩效有着长期影响，仓库的选址问题直接关系到供应链和物流的各个方面，选择合适的仓库位置能在很大程度上缩短产品的交付时间、降低物流成本（包括运输、库存、协调成本）。因此，为了更好地提高配送效率，本节以云仓为研究对象，研究白酒企业两级云仓选址优化问题，以降低成本、提升物流效率。

如图 6-1 所示，本节构建了一个两级云仓选址模型。该模型为产品流通提供了一种解决方案，产品的具体流通过程如下：

（1）供应商将产品运送到一级中心云仓，一级中心云仓的选址是基于集合覆盖模型的理论和思想的。当产品到达中心云仓，云仓的核心系统——仓储管理系统（WMS）接管产品的验收及入库，记录其数量、质量、库房分配、库存跟踪等相关信息。

（2）产品从一级中心仓运送到二级城市仓后，同样经过 WMS 入库。二级城市仓的选址是通过 K-means 聚类算法实现的。当二级城市云仓接收来自客户的订单时，订单信息从中控平台传送到 WMS，WMS 从库存中选择订单商品，进行包装和标记，包装好的商品分拣到出库区域等待产品出库。准备好的订单随后被安排送往客户手中，在这个过程中包括生成运输标签等信息存储到运输管理系统（TMS），TMS 负责路线规划及协调工作，保证产品能够安全、高效地交付给客户。

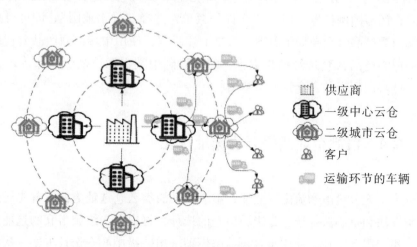

图 6-1　两级云仓选址模型

### 6.4.2　两级云仓选址模型构建

本节使用两阶段选址模型。在第一阶段，使用 K-means-重心法，首先利用 K-means++聚类分析法，对客户需求集中的城市按空间位置进行聚类分组，确保每个组别的城市需求点在空间位置上较为接近。对于每个类别的城市需求点，使用精确重心法，综合考虑距离以及运输需求量因素，指定为每个类别提供服务的城市仓位置。在第二阶段，利用集合覆盖模型，指定服务半径，以第一阶段选取的城市仓作为中心仓候选点，选取最少建设数量的中心仓建设方案，确保中心仓的服务范围覆盖全部城市仓，从而确定整个两级云仓的空间布局。

### 6.4.3 K-means-重心法模型构建

城市仓能够容纳一定区域所需的白酒产品库存，并将产品配送至相应的客户，在选址上应尽量接近客户，缩短配送距离，从而降低物流成本。本节使用 K-means-重心法进行城市仓的选址。

K-means 聚类分析是一种简单、高效的聚类分析方法，它通过样本各个特征维度的欧式距离判断样本之间的相似性，将相似性高、联系紧密的样本归为一类。当样本的数据特征为样本点的二维空间坐标时，K-means 算法能够将空间位置接近的样本点划分到同一组，将这一组客户的需求划分给同一个城市仓服务，能够有效缩短运输距离。K-means 算法的目标函数如下：

$$Z_1 = \min \sum_{i=1}^{K} \sum_{x \in C_1} \mathrm{dist}(c_i, x)^2 \qquad (6-1)$$

式（6-1）中，$K$ 为类别个数，$C_i$ 为类别 $i$ 的元素集合，$c_i$ 表示类别 $i$ 的聚类中心，$\mathrm{dist}(c_i, x)$ 表示样本点 $x$ 与聚类中心 $c_i$ 所有特征的欧式距离，当样本点只考虑空间位置因素时，dist 表示样本点与聚类中心的实际欧式距离。

本节中使用的算法为 K-means++算法，是 K-means 算法的改进型。由于 K-means 算法的聚类结果质量高度依赖于初始聚类中心的质量，传统的 K-means 算法随机选取 $K$ 个样本点作为初始聚类中心，当初始聚类中心较差时，算法的求解结果往往很不理想。K-means++算法改进了初始聚类中心的产生过程，提高了初始聚类中心的质量，克服了 K-means 算法对于初始聚类中心十分敏感的缺陷，且能够显著提高收敛速度，减少计算工作量。本节使用的 K-means++算法的具体步骤设计如下：

（1）数据标准化。假设有 $m$ 个样本点，每个样本点包含 $n$ 个特征，使用公式 $t_{ij} = \dfrac{t_{ij}\bar{t}_j}{s_j}$ 对要素进行 Z-score 标准化以消除数据量纲的影响，其中 $t_{ij}$

和 $t_{ij}$ 分别表示样本点 $i$ 第 $j$ 特征的原始数据和标准化后的数据，$t_j$、$s_j$ 分别表示所有样本点第 $j$ 特征均值与标准差。

（2）随机选取一个样本点作为第一个聚类中心，在选取下一个聚类中心时，计算其他所有样本点到当前已选取聚类中心集合的最短距离 $d_i$，则每个样本点被选取为下一个聚类中心的概率为 $p^i = d_i / \sum d_i$，这意味着当样本点离当前各个聚类中心越远时，样本被选取为下一个聚类中心的可能性越高。通过此方法选取的初始聚类中心之间能够保持相对较远的距离，确保初始聚类中心的多样性。重复选取样本点直至一共选取了 $K$ 个聚类中心。

（3）重复确定初始聚类中心的步骤（1），直至达到最大初始化聚类中心次数 $C_{\max}$，从中选取使目标函数值 $Z^1$ 最优的初始聚类中心集合。

（4）计算所有样本点到每个聚类中心的欧式距离，将样本点重新划分到最近的类别中。

（5）更新每个类别的聚类中心，聚类中心的每个特征维度取当前类别的所有样本点相应特征的平均值。

（6）继续迭代直至达到最大迭代次数 $I^m$ax，算法停止，输出结果。

使用 K-means++ 算法需要事先确定聚类数 $K$，本书通过轮廓系数来确定最佳聚类数。轮廓系数是常用的聚类效果评价指标。它使用两个因素来评价单个样本点的聚类效果：第一个因素为 $a_i$，表示样本 $i$ 到同簇其他样本点的平均距离，又称组内不相似度；第二个因素为 $b^i$，表示样本 $i$ 到不同簇样本点的平均距离。那么单个样本点轮廓系数 $s_i$ 的计算公式如下：

$$s_i = \frac{(b_i - a_i)}{\max\{a_i, \ b_i\}} \qquad (6\text{-}2)$$

轮廓系数的取值范围为-1 到 1，越接近 1 代表内聚度和分离度都相对较优，整个聚类结果的轮廓系数取所有样本点轮廓系数的平均值。本文按照上文的聚类分析步骤（1）～（6），针对不同的 $K$ 值计算最终聚类结果的轮廓系数，选取轮廓系数最大的聚类数作为最佳聚类数。

使用 K-means++ 聚类算法将需求点城市按空间位置分组后，使用精确重心法确定为每个组提供服务的城市仓具体位置，重心法以成本最优为原则，设需求点城市坐标为 $(x_i, y_i)$、城市仓坐标为 $(x_0, y_0)$，重心法寻求所有需求点到城市仓的总运输费用最小，即：

$$Z_2 = \min q g_i f_i \sqrt{(x_i - x_0)^2 + (y_i - y_0)^2} \qquad (6\text{-}3)$$

式中，每个需求点 $i$ 的运输成本表示为运输费率 $f_i$、运输量 $g_i$ 和运输距离 $k\sqrt{(x_i - x_0)^2 + (y_i - y_0)^2}$ 的乘积，其中 $q$ 为道路迂回系数。

利用极值点求最优解，分别对 $x_0$、$y_0$ 求偏导数：

$$\begin{cases} \dfrac{\delta H}{\delta x_0} = \sum\limits_{i=1}^{m} \dfrac{qg_i f_i(x_i - x_0)}{\sqrt{(x_i - x_0)^2 + (y_i - y_0)^2}} = 0 \\[3mm] \dfrac{\delta H}{\delta v_0} = \sum\limits_{i=1}^{m} \dfrac{qg_i f_i(y_i - y_0)}{\sqrt{(x_i - x_0)^2 + (y_i - y_0)^2}} = 0 \end{cases} \tag{6-4}$$

上式无法直接解出最优的 $(x_0^*, y_0^*)$，可用下面的近似最优解代替：

$$\begin{cases} x_0^* = \dfrac{\sum\limits_{i=1}^{m} g_i f_i x_i}{\sum\limits_{i=1}^{m} g_i f_i} \\[5mm] y_0^* = \dfrac{\sum\limits_{i=1}^{m} g_i f_i y_i}{\sum\limits_{i=1}^{m} g_i f_i} \end{cases} \tag{6-5}$$

重心法综合考虑了运输距离和运输量，选址倾向于接近运量大的需求点，能够有效降低总运输成本。

### 6.4.4 集合覆盖模型构建

中心仓是网络的一级节点，不仅拥有强大的酒产品存储能力，还起到对二级节点城市仓的集货、整合和分配作用。本节采用集合覆盖选址模型，在确定了城市仓的位置后，选择若干城市仓将其建设为中心仓，保证每个城市仓都有相应的中心仓提供产品的分配与运输工作。在这一问题中，仓库的建设成本要远高于运输成本，因此优化的目标为寻求最小数量的中心仓库建设方案，并保证其服务范围覆盖所有的城市仓。

本节集合覆盖模型的目标函数如下：

$$Z_1 = \min \sum_{j=1}^{n} u_j \tag{6-6}$$

$$Z_2 = \min \sum_{k=1}^{n} d_k \sqrt{(x_k - x_{C_k})^2 + (y_k - y_{C_k})^2} \tag{6-7}$$

约束条件如下：

$$\sum_{j:\, e_i = C_j} u_j > 1 \quad (i = 1, 2, \cdots, m) \tag{6-8}$$

$$u_j = 0,\, 1, \quad j = 1, 2, \cdots, n \tag{6-9}$$

目标函数（6-6）寻求最小的中心仓库建设数量，目标函数（6-7）寻求所有城市仓到中心仓的总运输量最小。其中，$d_k$ 为城市仓 $k$ 的服务需求量，$C_k$ 表示城市仓 $k$ 负责中转运输的中心仓，约束条件（6-8）确保所有的城市仓都位于中心仓的服务覆盖范围内。

中心仓的建设成本远高于运输成本，因此目标函数（6-6）应处于绝对优先地位。本节的处理方式为先以最小数量原则确定中心仓的位置，以最小化设施建设成本，再将城市仓划分到最近的中心仓的服务范围内，以降低运输成本。

### 6.4.5　案例分析

#### 6.4.5.1　客户需求分布情况

某酒类企业的酒产品在全国范围内销售，为了提高服务水平，该企业拟建一个覆盖全国的自建云仓物流网络，计划建立 20~30 个城市仓负责为各地区的客户提供服务，并建设 5~15 个中心仓用以协调各地区城市仓的产品供给状况、缩短到货时间，提升总体运输服务效率。

该企业统计全国范围内的主要销售点数据，并将全国范围的主要销售城市的需求按销售渠道汇总，得到全国主要销售点共 323 个城市和地区的销售量数据。

销售量数据显示，除了部分省份外，其余省份的需求量在地域上分布十分不均匀。该酒类企业产品的销售量主要集中在东部地区，在东北地区和四川盆地也有较为集中的客户需求。

#### 6.4.5.2　选址模型应用与求解

为了对城市仓进行选址，首先需要确定聚类数 $K$，即城市仓的建设数量，首先将各个需求地城市的经纬度坐标进行 Z-score 标准化处理，随后将数据输入到模型中进行计算。

由于该公司计划建设 20~30 个城市仓，本书令 $K$ 在 3 到 35 之间变动，使用前面设计的 K-means 算法步骤，取最大初始化聚类中心次数 $C_{\max} = 10$，最大迭代次数 $I_{\max} = 50$，使用 Python 3.0 编程求解，得到 $K$ 从 3 到 35 变动时的轮廓系数取值如图 6-2 所示。

从图 6-2 可以看出，当聚类数 $K$ 的取值在不同范围变化时，轮廓系数的取值均在 0.4 以上，表明得到的聚类结果均较为合理。虽然部分较小的 $K$ 取值能够获得比较高的轮廓系数（如 $K = 3$、4、8、9 时），但较小的 $K$

值意味着较少的城市仓数量。若城市仓数量不足，则很难保证全国范围内的客户的物流服务质量，该企业认为城市仓的建设数量不应少于 20 个，否则无法保证云仓网络的覆盖范围。当 $K$ 大于 20 时，由于取 23 时，轮廓系数相对较优，因此，本书认为最大聚类数 $K$ 取 23 较为合理。

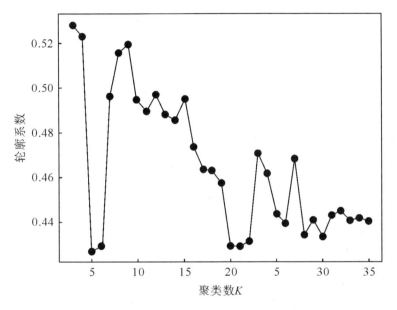

图 6-2　轮廓系数随 $K$ 从 3 至 35 的变动情况

　　通过求解得到 23 个需求点城市分组，每个分组对应一个城市仓提供服务，使用精确重心法，在本书中取所有的运输费率 $fi=1$，对每个组别的经纬度坐标利用运输量 $gi$ 进行加权求和，舍弃掉原本的聚类中心而使用通过精确重心法加权求和得到的新的经纬度坐标作为城市仓的最终选址，得到 23 个需求点城市分组与相应的城市仓的位置。

　　城市仓的经纬度如表 6-1 所示，在需求比较密集的东部地区，相应的城市仓布局也相对集中，而西部地区城市仓建设数量较少，城市仓布局与需求分布基本吻合。

表 6-1　城市仓经纬度

| 编号 | 经纬度 | 编号 | 经纬度 |
|---|---|---|---|
| 1 | (121.32，30.31) | 13 | (108.59，40.32) |
| 2 | (109.92，34.30) | 14 | (124.64，42.47) |

表6-1(续)

| 编号 | 经纬度 | 编号 | 经纬度 |
|------|-----------|------|-----------|
| 3 | (113.78, 22.78) | 15 | (102.33, 36.22) |
| 4 | (82.66, 37.07) | 16 | (110.23, 22.03) |
| 5 | (120.94, 37.21) | 17 | (113.83, 34.82) |
| 6 | (126.08, 47.51) | 18 | (113.98, 33.05) |
| 7 | (106.72, 26.64) | 19 | (117.07, 24.65) |
| 8 | (117.13, 36.57) | 20 | (117.41, 34.95) |
| 9 | (116.48, 39.83) | 21 | (130.56, 45.19) |
| 10 | (87.41, 43.50) | 22 | (113.17, 39.33) |
| 11 | (113.83, 29.58) | 23 | (102.57, 24.87) |
| 12 | (106.06, 30.63) | | |

注：本表中的经纬度未具体标明，只将数值标出，原因是得出的位置坐标是公司内部数据，不便于完全公开，下同。

在确定了二级节点城市仓的位置后，使用集合覆盖模型对一级节点中心仓进行选址，本书取道路运输迂回系数 $q = 1.21$，并规定每个中心仓的服务半径为800千米，首先计算各个城市仓之间的实际距离。

设两个点的经纬度坐标分别为 $(X_0, Y_0)$ 和 $(X_1, Y_1)$，忽略球面对于直线距离的影响，则可利用距离公式计算这两点的实际距离：

$$d = R \arccos \left[ \cos(Y) \cos(Y_0) \cos(X - X_0) - \sin(Y) \sin(Y_0) \right]$$

$$(5-10)$$

其中，$R$ 为地球半径，本书取6 371千米，经纬度均转化为弧度参与计算。求出任意两个城市仓之间的距离矩阵，当该距离乘以道路迂回系数小于等于中心仓服务半径时，则这两个点之间能够相互覆盖，由此确定每个城市仓的可达集合。

### 6.4.5.3 两级云仓布局结果

使用Python 3.0进行编程求解，确定了中心仓的最小建设数量为9个，以及每个中心仓的位置。随后，对处于多个中心仓服务范围内的城市仓，将其分配给距离最近的中心仓。从城市仓中选出作为城市仓的编号、位置以及分配的城市仓，如表6-2所示。

表 6-2　中心仓位置及其分配的城市仓

| 中心仓编号 | 经纬度 | 分配的城市仓编号 |
|:---:|:---:|:---:|
| 3 | (113.78, 22.78) | 3, 16, 19 |
| 4 | (82.66, 37.07) | 4 |
| 6 | (126.08, 47.51) | 6, 14, 21 |
| 7 | (106.72, 26.64) | 7, 12, 23 |
| 10 | (87.41, 43.50) | 10 |
| 13 | (108.59, 40.32) | 13, 22 |
| 15 | (102.33, 36.22) | 15 |
| 17 | (113.83, 34.82) | 2, 11, 17, 18 |
| 20 | (117.41, 34.95) | 1, 5, 9, 8, 20 |

所选取的中心仓的服务范围不仅覆盖了所有的城市仓，还涵盖了全国大部分区域，不仅能满足当前签约客户的服务需求，而且能够有效应对未来其他地区的潜在需求。在布局密度方面，针对销售量最多的华北、长江中下游和珠江三角洲地区，均有两个或以上的中心仓，其服务范围相互交织，能够有效应对大量而集中的客户需求。

### 6.4.6　结论

本书结合云仓的服务模式和特点，使用二阶段选址模型解决两级云仓的选址问题。第一阶段利用 K-means 聚类分析法对城市进行聚类分组，并用精确重心法确定每个城市类别的城市仓；第二阶段则利用集合覆盖模型确定中心仓位置，确保中心仓能够覆盖全部城市仓，从而确定整个两级云仓的空间布局。最后，进一步将模型应用于某酒类企业，有效解决了该企业两级云仓的全国布局问题。

两级仓库的选址与空间优化是一个复杂的决策过程，两阶段选址模型综合了选址过程中的定量和定性因素，提升了选址结果的科学性和综合性，相较于单一的选址模型更具优势，丰富了选址研究的方法，提供了新的研究视角。该模型的成功应用为其他企业的选址布局提供了科学指导和有效参考，更为云仓进一步应用提供了基础。

本书给出的案例在实际选址决策过程中会受到很多因素的制约，每个城市仓并非只能由一个中心仓承担产品的分配与运输工作。当客户需求较多时，多个中心仓可综合协调运作，整合各个仓库的产品库存，使之与服务范围内的客户需求相适应，未来会进一步将上述因素纳入选址考量过程。

## 6.5 云仓网络布局分析

### 6.5.1 云仓选址流程设计

结构明确、层级清晰的仓库网络与云仓平台相结合，形成"线上+线下"紧密联动的云仓体系，不仅能帮助白酒企业提高物流效率、降低成本，还能够增强市场竞争力，带动白酒行业及相关产业的数字化转型。贵阳、四川等毗邻白酒企业的生产基地，具有便利的交通条件，因此，白酒企业可以在这些地方建立核心仓，负责存储、管理和不同成品酒；对于中心仓和城市仓的选择，则需要结合各种产品的销售数据、地理位置、城市发展水平等信息，借助相关的选址方法和流程。通过分析白酒产品的特点、明确选址原则的总结，并对不同选址方法进行对比分析，白酒产品的云仓选址布局将按照以下选址流程展开（见图 6-3）：

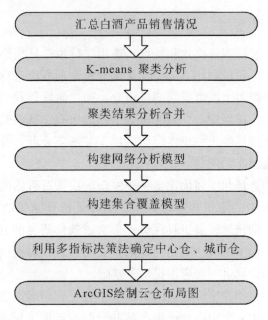

图 6-3　白酒产品云仓选址流程

（1）汇总白酒产品销售情况。计算和汇总白酒产品在全国范围内的主要销售数据，将各城市的销售需求按销售渠道、产品类别进行汇总。

（2）K-means 聚类分析。根据销售点的地理位置坐标进行 K-means 聚类分析，通过样本各个特征维度的欧式距离判断样本之间的相似性，将相似性高、联系紧密的样本归为一类，当样本的数据特征为样本点的二维空间坐标时，K-means 算法能够将空间位置接近的样本点划分到同一组，其目标函数如下：

$$Z_1 = \min \sum_{i=1}^{K} \sum_{x \in C_1} \mathrm{dist}(c_i, x)^2 \qquad (6\text{-}11)$$

在上式中，当样本点只考虑空间位置因素时，dist 表示样本点与聚类中心的实际欧式距离，通过轮廓系数来确定最佳聚类数 $K$。轮廓系数是常用的聚类效果评价指标。它使用两个因素来评价单个样本点的聚类效果，第一个因素为 $a_i$，表示样本 $i$ 到同簇其他样本点的平均距离，又称组内不相似度；第二个因素为 $b_i$，表示样本 $i$ 到不同簇样本点的平均距离，则单个样本点轮廓系数 $s_i$ 的计算公式如下：

$$s_i = \frac{(b_i \quad a_i)}{\max\{a_i, b_i\}} \qquad (6\text{-}12)$$

轮廓系数的取值范围为−1 到 1，越接近 1 代表内聚度和分离度都相对较优，整个聚类结果的轮廓系数取所有样本点轮廓系数的平均值，针对不同的 $K$ 值计算最终聚类结果的轮廓系数，选取轮廓系数最大的聚类数作为最佳聚类数。

（3）聚类结果分析合并。对 K-means 算法得到的类别进行合并，由于 K-means 算法只追求各个需求点到聚类中心的距离平方和最小，也即每个类别的空间距离尽可能相近。在得到的所有类别中，各个类别涵盖的面积、需求点的数量、总的需求量可能差距很大，例如，有的类别只包含了十个以内的需求点和很少的需求量，考虑到实际情况下不可能为这个小类别单独作考虑，因此需要将这个小类别合并到其他的类别中，以保证类别具有一定的规模。合并之后，每个类别应具有较大的规模、较大的需求量。此时，可以考虑在每一个合并后的类别建设一个中心仓为其服务，合并后类别的数量即为中心仓的建设数量。

（4）构建网络分析模型。将 K-means 聚类分析所得的云仓候选城市的位置和需求点以及城市中的道路网络构建成一个图形网络，每个云仓候选城市的位置和需求点都被视为一个节点，道路则表示为连接这些节点的边。结合白酒企业的历史物流数据，使用网络分析模型评估候选位置之间的连接性和交通成本，排除交通拥堵严重或者交通便利性较差的位置，从而缩小选址范围。

（5）构建集合覆盖模型。以现有的销售、物流数据为依据，参考同类行业的数据，构建以成本最小化为目标的集合覆盖模型，其中成本包含云仓建设成本、运输成本、运营成本、库存成本等因素。同时，结合白酒企业的实际需求和未来发展趋势，添加相关约束条件，确保每个地区的需求能够得到满足，同时限制云仓的数量和覆盖率以符合白酒企业的需求，并添加逻辑约束确保变量之间的关系成立。

（6）利用多指标决策法确定中心仓、城市仓。综合利用网络分析模型和集合覆盖模型得到的是精确解，需要结合实际情况、选址原则和定性指标等选址因素对其进行修正（具体指标见表6-3）。利用专家打分、问卷调查等方法确定指标的权重，以反映不同指标对选址决策的重要程度。使用所确定的评价指标和权重对候选位置进行评价，得出综合评价值，选取综合评价值最高或最符合需求的位置作为最终选址决策。

表6-3  白酒产品云仓选址指标构成

| 一级指标 | 二级指标 | 指标性质 | 指标内涵 |
|---|---|---|---|
| 成本因素 | 与重心的距离 | 定量 | 接近重心位置有利于节约运输成本 |
| | 与核心仓的距离 | 定量 | 决定由上游仓库运送的运输成本 |
| | 仓库成本 | 定量 | 包括仓库合同期的总仓储成本和操作 |
| | 经济发展水平 | 定量 | 经济发展水平越高，建设中心仓潜力越大 |
| 经济因素 | 经济辐射能力 | 定性 | 经济辐射能力越强，越有利于中心仓功能的发挥 |
| | 城市交通条件 | 定性 | 交通条件好有利于中心仓在城市内部更好地发挥作用 |
| 交通条件 | 城市-区域通行条件 | 定性 | 城市到区域内各个需求点的交通条件越好，运输成本越低 |
| | 土地利用政策 | 定性 | 不同城市当前和未来的土地利用政策 |

表6-3(续)

| 一级指标 | 二级指标 | 指标性质 | 指标内涵 |
|---|---|---|---|
| 政策因素 | 税收政策 | 定性 | 会影响不同类型用地的规划,不同城市的税收政策会对业务成本产生影响 |
| | 环境保护政策 | 定性 | 确保仓库的建设符合相关法规和环保标准 |
| | 政策法规变化 | 定性 | 选择符合法规要求并且政策支持力度较大的地区,降低面临的政策风险,提高发展稳定性 |
| | 区位发展变化 | 定性 | 具备区位优势的地区,有利于降低物流成本、提高配送速度并享受政策优惠 |
| | 技术发展趋势 | 定性 | 在合适的地点建立云仓,采用先进的技术和设备,提高运营效率和服务质量 |
| 前瞻性因素 | 发展战略 | 定性 | 与长期战略规划相一致,有效支持白酒企业的长远发展 |
| | 市场需求变化 | 定性 | 预测未来市场需求的变化趋势,以满足未来的市场需求 |
| | 竞争对手布局 | 定性 | 了解竞争对手的云仓布局情况,选择更有利的地点建立云仓,以获得更大的市场份额 |
| | 物流成本变化 | 定性 | 选择物流成本较低的地点建立云仓,以降低运营成本 |

(7) ArcGIS绘制云仓布局图。将上述步骤获得的云仓结果进行可视化,利用ArcGIS软件将不同层级的云仓、云仓间的关联情况反映在图层上,可以更加直观地呈现云仓的服务范围。

### 6.5.2 高端白酒产品云仓网络布局分析

高端白酒产品即价格在千元以上的白酒产品,该类白酒一般采用以产定销的方式进行市场推广。

(1) 高端白酒产品云仓网络布局方法

目前仓储物流的现有瓶颈包括仓储环节资源重叠且智能化程度不高、运输过程中的透明度较低、各销售渠道存在不协调性等问题。为了提升资源利用效率,应加强对高端白酒的集中管理,规范高端白酒的运输、流通过程,整合协调不同销售渠道。因此,基于高端白酒现有运输和销售体系，应该整合经销商的库存资源，保证产品在市场流通中的安全性，消除客户消费过程中的顾虑，推动在高端白酒市场份额持续扩大，为白酒企业高质量发展奠定基础。

为了突破高端白酒的仓储物流现有瓶颈，对高端白酒的流通安全管理是重中之重。在高端白酒现有的流通方式的基础之上，以公司生产较近的核心城市作为核心仓，利用聚类分析方法选出对应的中心仓，结合高端白酒在不同区域分布情况和地理位置因素，确定全国仓储网络结构。

（2）高端白酒产品云仓网络布局结果

基于销售量和距离因素，利用聚类分析法得出的选址结果，与现有运输系统和管理方式实现快速衔接，加快高端白酒仓储物流向云仓转型。云仓平台与对应的仓储网络布局有机结合，不仅能够加强高端白酒的库存管理，提升资源利用率，而且能够推动供应链的数字化转型，提升高端白酒流通过程的信息透明度，打通不同销售渠道之间的壁垒，实现协同合作，加强市场流通。

（3）高端白酒产品云仓网络布局配套实施策略

基于高端白酒企业的全国云仓布局，结合此类产品供不应求的需求特点和现有经销商分布情况，应着重加强干线的运输，加快产品的流通。初始阶段，可通过自建、租用等方式建设核心仓和中心仓，确保高端白酒干线运输的通畅性，并在此基础上进行城市仓的建设，提高整个仓储网络的完备性，尤其是在高端白酒市场需求量大的城市，可以通过提升仓储能力和效率，更好地支持产品的销售和流通。此外，仓库建设过程中应加强仓库的信息技术建设，通过引入 RFID 技术、智能传感器、智能货架系统、仓库管理系统（WMS）、物联网（IoT）设备等智能设备采集高端白酒的实时状态数据，为云仓平台提供数据支持，提高仓储的智能化水平。

鉴于高端白酒的销售渠道日益复杂，加强对高端白酒流通和管控的集中化和透明度是重中之重。全国云仓布局为高端白酒的仓储物流集中管理提供了基础，云仓平台将对不同仓库的实时状态数据、不同销售渠道的订单信息等数据进行采集汇总，借助大数据、物联网等技术有效整合自营店、经销商、白酒销售平台等多渠道订单，实现不同仓库间的动态分配，加快产品的流通，提高客户满意度。此外，云仓平台整合仓储、运输、安防、订单管理等各个模块数据，实现高端白酒的全程溯源和数据可视化，加强流通过程中的安全性，同时为部门之间的资源和数据共享提供基础，有助于消除信息孤岛，打破部门之间的壁垒，提高白酒企业的综合协同能力。

### 6.5.3 中端白酒云仓网络布局分析

中端白酒是指价格在 500~1 000 元的白酒产品，该类白酒产品面临一定的市场竞争，但也有不错的销量。

（1）中端白酒产品云仓布局方法

产销结合白酒仓储物流的现有瓶颈包括产能与配额不足、物流效率低、仓储利用率较低等，导致该类产品的供需衔接不畅、流通效率不足。归根结底，是物流系统亟待改善、仓储模式有待创新。该类酒企通过合理布局销售和仓储网络，借助云计算对销售数据进行处理分析，指导产销结合白酒的生产计划，优化产品分配，减少产品在库时间，提高产品的周转率，加快市场流通，从而拉动业绩增长，推动"双轮驱动"发展战略的实施。因此，扩大仓储网络的覆盖区域、提高产品的响应速度是产销结合白酒产品云仓布局的重中之重。对于产销结合白酒产品云仓布局，应该基于距离和销售量的聚类分析法，确定中心仓以及对应的城市仓。

（2）中端白酒产品云仓布局结果

基于距离和销售量的聚类分析方法进行选址，能够大大提升云仓网络的覆盖范围和选址的准确性。覆盖范围广的云仓网络布局能够高效服务于各地经销商和客户，快速响应市场需求，同时便于资源整合和集中管理，提升物流效率。产销结合白酒产品的云仓布局构建和实施，能够为白酒企业打造成熟、高效的运输和销售网络体系提供基础。

（3）中端白酒产品云仓网络布局配套实施策略

基于产销结合白酒产品的全国云仓布局，结合产销结合白酒的需求不确定性特点、现有经销商分布情况和未来的市场需求预测，通过自建、租用等方式，建设核心仓、中心仓和主要的城市仓，初步打造覆盖全国的云仓网络布局，并逐步完善其他城市仓的建设。此外，产销结合白酒产品种类丰富，仓库建设过程中应加强仓库的信息技术建设，通过引入 RFID 技术、智能传感器、智能货架系统、仓库管理系统（WMS）、物联网（IoT）等智能设备，采集产销结合白酒产品的实时状态数据，为云仓平台提供数据支持，提高对产销结合白酒的多品类智能管理水平。由于此类白酒产品是夯实市场基础的重要力量，产销结合白酒品牌影响力日益增强，需要加强对白酒产品的流通和销售数据的管理，进而提高消费者的满意度。白酒市场需求存在不确定性，需对不同仓库的实时状态数据、不同销售渠道的订单信息进行采集，借助云仓平台对历史数据加以处理和分析，预测不同城市的未来需求，对产品提前铺货，加快订单的处理速度。此外，云仓平台对自营店、经销商、白酒销售平台等多渠道销售信息的汇总分析可加强集团对产品的销售情况的把控，有助于调整库存、生产计划，确保产品的供应和需求平衡，有助于提高经营效益、适应市场变化、增强竞争优势。

### 6.5.4　低端白酒云仓网络布局分析

低端白酒即价格在 500 元以下的白酒产品，该类白酒产品以市场拉动生产，面临较为激烈的市场竞争。

（1）低端白酒产品云仓优化方法

低端白酒面临的市场竞争激烈，仓储物流的现有瓶颈包括运输网络不健全、仓储资源不足、物流环节信息化程度不高等。应该建立覆盖全国的仓配网络，为该类白酒的销售奠定基础；借助云仓的大数据功能，实时收集和反馈消费者的需求，进一步优化生产计划，并调整产品的风味、包装、规格等。

由于该类白酒未来的销售情况难以估计，因此在前期的云仓布局中，应根据以往的销售数据，并基于距离因素，采用聚类分析的方法为该类型产品进行选址。在未来的发展和市场开拓过程中，可与其他产品的云仓布局相结合，提升资源利用率，更好地与市场接轨。

（2）低端白酒产品云仓选址结果

对于低端白酒产品，云仓网络的构建能够加强仓储资源配置，完善运输网络，提升产品流通和销售的数字化和透明度，从而为该类产品进入并扩大市场提供基础和保障。

（3）低端白酒产品云仓网络布局配套实施策略

低端白酒产品通过云仓网络形成完备的仓储物流体系，在未来拥有广阔的市场前景。一方面，通过自建、租用等方式建设核心仓、中心仓，确保干线运输的通畅性，同时逐步完善城市仓的布局，最终形成覆盖全国的云仓网络。另一方面，通过与现有平台的云仓网络体系进行融合，减少资源重叠浪费。此外，仓库建设过程中应加强仓库的信息技术建设，通过引入 RFID 技术、智能传感器、智能货架系统、仓库管理系统（WMS）、物联网（IoT）等智能设备，采集白酒产品的实时状态数据和销售数据，为云仓平台提供数据支持。

低端白酒的市场需求信息较为模糊，因此需要加强其流通和消费市场管理，进而有效把握市场需求和消费偏好，为产品生产和开发提供指导。全国云仓布局为其提供了基础，通过获取不同销售渠道的信息，云仓平台可有效对市场趋势、竞争对手产品和消费者反馈等数据进行分析，准确把握市场的动向，便于白酒企业更有针对性地进行广告宣传、开展促销活动等，提高产品竞争力和市场占有率。此外，对于低端白酒，白酒企业应该使用云仓体系以有效提高仓储、物流等全流程的透明度和灵活性，提升供应链管理效率。

### 6.5.5 同时存在三种形式的白酒企业整合云仓平台

很多白酒企业有不同价位的白酒产品，因此，可以结合不同系列产品的市场发展趋势和物流发展瓶颈，设计相应的全国云仓布局。然而仓库的建设具有较长的周期，为了减少资源重叠浪费，可将三种产品的云仓布局进行优化组合，分阶段实施，提高资源利用率加快云仓建设进程。将三种系列产品的云仓布局相结合时，发现高端白酒的中心仓具有较大的重合度，而中端白酒相较其他两种产品，具有更多的仓库，且两者部分仓库距离较近。通过对相近仓库进行整合优化，企业能够在保障服务质量不变的情况下，有效减少资源浪费。

# 7 白酒产品云仓设计与规划

## 7.1 高端白酒产品云仓模式设计

### 7.1.1 高端白酒产品云仓模式设计原则

高端白酒产品云仓模式的设计须从其高价值属性出发，基于高端白酒产品云仓网络三级布局，着重体现仓储物流安全，提升仓储物流环节的数字化水平，提高仓储物流透明度，打通仓储物流、销售等全流程的信息壁垒，从而有效突破仓储物流瓶颈。鉴于此，此类白酒产品云仓模式设计原则如下：

（1）成品酒状态实时监控。成品酒状态的实时监控在白酒产品云仓模式中发挥着举足轻重的作用，贯穿于整个白酒仓储物流周期，为白酒的存储、流通、销售提供保障。其中，涉及对白酒成品酒的仓储物流各类状态的全程实时监控，如核心仓库库存、仓库环境、车辆运输、经销商库存。通过物联网技术，将不同来源的状态数据汇聚到高端白酒产品云仓平台。基于多源数据融合技术、数据可视化技术，分析处理白酒多源异构数据，方便白酒企业实时掌握高端白酒成品酒状态。在此基础上，利用人工智能算法，对各环节状态进行实时诊断，及时做出异常状态预警。

（2）全链路安全。鉴于高端白酒的高价值属性，必须高度重视高端白酒全链路安全，包括生产、仓储、物流、销售等。白酒产品云仓模式基于物联网、云计算、大数据等数字化技术，采集高端白酒全链路数据进行清洗处理、分析识别、追踪预警，构建高端白酒风控体系，极大提高高端白酒安全性及全链路风控预警能力。同时，结合"一物一码"方案，高效率跟踪高端白酒全生命周期，直观了解高端白酒全链路流转过程，有效防止恶意营销欺诈以及假冒伪劣产品。

（3）全景虚拟仓库智能管理。高端白酒仓储通过可视化技术，构建仓储系统全过程数字化系统，实现对仓储物理实体的可视化、智能化管理。通过对接仓储控制系统，获取设备信息、对接仓库管理数据；通过全景虚拟可视化平台，集中展示数据结果，实现设备信息和数据的实时查看查询；利用多系统融合的统一数据平台管理，实现管理"主动化"、可视化，查找和解决问题定位精准化、快速化，有效支持高端白酒产品云仓模式的管理需求。

（4）全流程可溯源。高端白酒产品云仓模式设计中的全流程溯源是确保白酒产品质量安全和保障消费者权益的关键要素。全流程溯源旨在依托物联网、RFID 电子标签、二维码等技术，建设全流程溯源系统，为产品进行"一物一码"赋码。通过可信物联网终端设备，系统能够采集高端白酒在包装生产、仓储、物流、终端销售环节的数据，构建完整的可信溯源数据链，进而提升产品流通各环节管理效能，实现产品质量安全追溯，保障消费者权益。

### 7.1.2 高端白酒产品云仓模式设计方案

该类白酒企业的基本流程为采购→生产→销售（包括代理和自营）。基于云仓平台的产供销全流程设计，产供销物流链条可分为采购物流、生产物流和成品物流三大环节。生产采购部门制订全年生产计划，并将生产计划信息同步给采购物流和生产物流部门。采购部门根据成品酒生产需要与原材料供应商进行磋商，并统筹原材料运送至生产车间。生产车间完成白酒的加工生产后，通过生产物流环节将白酒运至包装车间进行产品包装。同时，将批次成品酒生产信息同步给白酒产品云仓平台，并由各模块对成品酒进行统一仓库管理与状态监测。待终端用户下单后，订单信息同步给云仓平台，进入成品酒仓储物流环节。白酒产品云仓平台可以对订单信息和物流配送信息进行分区域整合定位，并将信息统一集合至云仓网络中。根据白酒产品云仓选址布局的层级网络，信息首先汇总到核心仓，随后根据不同的订单进行产品分流至各中心仓，并进一步运至各个城市仓。通过末端运输实现客户配送。在整个过程中，干支线运输和末端社会运力实现了紧密结合。云仓平台通过多模块集成，可以实现全景虚拟仓库智能管理，借助白酒溯源模块，可以对成品酒进行实时追踪，并上传状态监测信息，这些信息集成到瓶身溯源码中，使经销商和客户真正实现白酒源头可视化和全流程溯源，从而保证高端白酒全链路的安全。根据高端白酒产品特点及仓储物流需求，构建白酒产品云仓模式，其具体架构分为应用层、服务层、数据层三个部分。

### 7.1.3 高端白酒产品云仓模式功能模块

#### 7.1.3.1 应用层

高端白酒产品云仓模式的应用层主要实现以下四个基本应用：

（1）成品酒实时状态监测。在仓储方面，通过传感器和监控设备，可以对仓库内的温度和湿度水平进行监测，并借助监测预警模块进行实时的产品状态数据分析与突发状况预警，主要服务于白酒核心仓，确保成品酒仓储安全；在核心仓、中心仓和城市仓之间的物流方面，可以实现高端白酒全流程物流信息可视化，通过 GPS 终端进行物流车辆的定位，保证产品运输安全。同时，实时状态监测可以帮助跟踪高端白酒的各个城市仓库存水平，确保库存的分配合理性，有助于提高运营效率。

（2）高端白酒溯源管理。通过运用相关技术和设备，实现对高端白酒产品的数据收集汇总与全程溯源。借助高端白酒溯源模块，实现产品从核心仓至城市仓的物流追踪、信息化管理以及物流调度管理，从而实现"一瓶一码"。每一瓶高端白酒的信息集成于溯源码中，以便消费者进行查看。溯源管理可以保证产品的真实性，防止假冒伪劣产品流入市场，同时也便于企业进行资源的合理调度。

（3）全链路安全。借助运输管理追踪模块，保障高端白酒从核心仓至城市仓供应链中的仓储物流安全，有助于确保高端白酒产品在整个供应链过程中受到安全保护，降低损失概率，并可以减少潜在问题。对全流程进行跟踪监控，可以提高供应链的整体效率。

（4）虚拟仓库管理。主要服务于城市仓网络，企业可以管理多个虚拟仓库，以便更好地组织和跟踪库存水平，包括每个虚拟仓库中的库存数量。与溯源模块进行联动，提供每瓶高端白酒的唯一标识，以便在整个供应链中进行追踪。系统能实现记录和跟踪每次入库和出库的操作，包括日期、数量和相关信息，确保库存变动的准确性和可追溯性。同时，提供数据分析工具，用于生成库存报告、库存趋势分析和消费者需求预测，以优化库存管理策略。

### 7.1.3.2 服务层

服务层可分为七个模块，包括仓储控制模块、运输管理追踪模块、仓库管理模块、智慧安防模块、高端白酒溯源模块、监测预警模块和订单管理模块。其中仓储控制模块结合 RFID 等物联网设备，对仓库高端白酒成品酒进行监测与管理，同时监控仓储环境的温度和湿度，以确保产品存储条件符合要求；运输管理追踪模块可以通过装载 GPS 终端并结合路线优化引擎等，来规划高端白酒安全的运输路线；仓库管理模块可以实现多仓库管理，并根据订单的数量进行成品酒调配，完成多仓协同作业；智慧安防模块为成品酒仓储物流全过程中的安全提供保障，通过视频监控、生物识别、入侵检测等方法确保全流程可控，并能实时推送预警信息；高端白酒溯源模块与应用层的运输管理追踪模块进行联动，收集高端白酒的仓储物流数据，并集成在模块信息系统中，可实现供应链的实时可视化，使生产商、分销商和消费者可以追溯高端白酒的来源和历史；监测预警模块与智慧安防模块进行联动，可以追踪运输车辆的位置，同时监测其速度和路线，以提前发现潜在问题，同时基于数据分析和算法，能即时发送警报；订单管理模块可以仓储控制模块集成，通过订单跟踪记录所有高端白酒订单信息，包括订单日期、客户信息、产品数量和交付日期。订单管理模块也可以实现库存管理，确保库存数量与订单保持一致。同时，订单管理模块也承担了部分数据分析的功能，可以分析订单数据，以了解市场需求趋势，帮助优化供应链计划。

### 7.1.3.3 数据层

数据层集成了来自高端白酒溯源模块、监测预警模块和订单管理模块的多种数据源。集合仓储数据、物流数据、销售数据和溯源数据，可以实时获取和更新库存信息，以满足高端白酒供应链各环节对实时数据的需求。在后台终端将这些数据进行可视化，核心仓、中心仓、区域仓、城市仓等入库出库数据被上传至控制中心，并作为溯源系统的重要数据构成便于实现库存的有效管理。建设数据集成体系是白酒企业数字化转型必不可少的一环，通过不同类型的数据间横向以及纵向分析，可以实现高端白酒的全流程溯源并有效地确保高端白酒的全链路安全，同时收集不同渠道的销售数据，可以帮助企业了解高端白酒的市场趋势，从而反馈到生产物流环节，优化产供销协同链条。

### 7.1.4　高端白酒云仓模式实施策略

（1）计划和准备阶段

在高端白酒产品云仓投入实施之前需要考虑多个方面，包括物流、法律法规、安全性、库存管理等因素。首先，要进行充分的市场研究，了解高端白酒产品市场的地区需求分布，帮助决策者确定云仓的规模和定位。同时企业需要评估包括供应链、运输、仓储和配送各个环节的具体细节流程，选择合适的物流合作伙伴。考虑到高端白酒产品云仓平台作为一个新研发系统，需要对有关员工进行培训，包括仓库工人、物流经理和合规业务专员。在前期计划和准备阶段，要制订详细的业务和应急计划，也可以考虑与相关领域的专家进行合作，以确保云仓的成功运营。

（2）技术选型和采购阶段

在云仓的技术选型和采购阶段，首先应根据云仓的设计原则和目标，选择适合的先进技术。企业应该与专业的物流和仓储技术供应商合作，以确保选择合适的技术和设备，满足高端白酒产品云仓智能仓储管理以及全流程溯源的要求。以仓储控制模块为例，该模块需要高精度的传感器和GPS设备，以适应高端白酒独有的高安全性仓储与物流。同时，财务部门应制定详细的财务预算，以覆盖技术设备的采购、维护和运营成本。

（3）设备安装与测试阶段

在设备安装阶段，需要考虑安装的环境条件，确保这些设备按照制造商的规格正确安装，同时考虑设备之间的联动，如保证摄像头、入侵检测设备和监测预警模块的计算机数据传输无阻，以实现仓储状况实时可控。在安装完成后，应对整个高端白酒产品云仓平台的硬件设备制订详细的测试计划，包括测试步骤、相关标准和各流程负责人、设备的定期维护计划以及备份恢复计划，从而应对设备故障或紧急情况。在设备安装与测试阶段，要确保设备的正常运行和环境条件的稳定。

（4）系统研发与集成阶段

根据各模块的设计功能进行系统研发与试运行。可以开发定制的仓库管理系统、订单管理系统等，或选择适用的商用系统并进行必要的定制，以满足特定的设计需求。集成数据分析工具，以监测成品酒库存、销售和库存周转率等关键性能指标。集成 WMS、RFID 等系统和数据分析工具，确保它们能够互相通信和共享数据，并设定数据传输和同步的计划，以确保信息的准确性和实时性。在系统测试环节,确保所有组件协同工作,满足需求和规格。

针对高端白酒产品进行模拟测试,以验证温度和湿度控制系统的可靠性;针对溯源模块进行实际测试,通过实例验证配送调运方案的可行性;针对智慧安防模块进行测试,验证 RFID 系统的准确性和可读性,以确保监控和入侵检测工作正常。除此之外,实施数据安全措施,确保敏感信息的保护并设置数据备份功能,以应对数据丢失或系统故障。

（5）系统测试与调试阶段

在系统测试与调试阶段,应对整个集成系统进行详尽的功能测试,包括:对各个模块进行检查,以确保其能够准确管理库存、处理订单并完成多仓协同和物流转运;对集成系统进行性能测试,以确定系统在高负荷下的性能表现,包括库存处理速度、订单处理速度以及 RFID 读取速度等;测试温度和湿度控制系统的稳定性,确保它们能够在长期运行时维持环境条件;验证监控系统的实时性,确保摄像头和传感器能够即时捕捉高端白酒仓内发生的特殊情况;验证数据的完整性和准确性,确保库存记录和订单信息与实际情况一致,对进行库存校准以确保系统准确反映实际库存情况;对各组件和子系统进行集成测试,确保它们能够协同工作;进行安全性测试,尝试入侵智慧安防模块或绕过访问控制,以识别潜在的漏洞,在配送过程中,模拟突发状况测试整个运输管理追踪模块的安全性,确保高端白酒溯源模块数据传输和存储是加密的,以保护敏感信息。初期测试结束后,邀请终端用户或经销商参与系统测试,以验证系统是否满足其需求和期望。在测试过程中发现的问题应该记录下来,并在测试完成后进行修复,随后需要重新测试以验证修复的有效性。完成以上步骤后,需要及时更新系统文档,以反映最新的系统配置和操作指南,确保终端用户和员工了解如何使用新系统。

（6）培训与试运营阶段

在培训与试运营阶段,工作重点是确保员工能够熟练使用系统,同时确保系统能够在实际运营中稳定运行。需要制订详细的培训计划,并针对员工进行培训,包括仓库工作人员、管理人员和操作人员,以确保他们了解如何正确操作系统、设备、处理高端白酒订单和生产计划流程。对于云仓中涉及的先进技术,应派具有熟练专业技能的人员进行操作和维护。在培训中应强调高端白酒的高价值属性,培训员工如何应对潜在的安全问题和紧急情况，同时强调数据安全性和隐私保护的重要性。在试运营前，让员工实际操作系统和设备，模拟实际操作环境，以使他们理解并熟悉日常工作流程。在试运营阶段，模拟真实的库存管理和订单处理流程，以确保系统的可靠性和性能，跟踪库存的进出和订单处理过程，及时发现和解决问题。如果系统出现漏洞应及时处理并更新操作标准，重复以上步骤直至确保系统的稳健性和安全性。

（7）正式运营阶段

在正式运营阶段，云仓的管理和维护至关重要，需要确保高端白酒类产品的质量和安全。客户需求也应成为衡量系统的一个必不可少的指标。应进行持续性的性能监控、数据分析，从而提高运营效率和顾客满意度。利用数据分析工具和需求预测来做出战略性决策，如库存优化、订单处理、多仓资源协调等。提供高质量的客户服务，包括订单查询、售后支持和产品信息提供。处理客户的投诉和问题以提高客户满意度。同时，应持续关注市场趋势和行业变化，及时调整策略和库存管理，以满足不断变化的客户需求。

（8）持续优化与更新阶段

持续优化与更新阶段是确保高价值酒类产品的云仓保持竞争力和高效性的关键阶段。要定期调整策略，不断优化流程以满足市场需求和持续提高运营效率。企业需要持续分析高端白酒库存管理、订单处理、销售趋势和库存转动的数据；考虑引入更多的自动化技术，如物联网、自动化仓库机器人、云计算等。白酒企业也应注重绿色和可持续发展，探索使用可再生能源和能效设备，以降低能源消耗和减少对环境的负面影响。

# 7.2　中端白酒产品云仓模式设计

## 7.2.1　中端白酒产品云仓模式设计原则

中端白酒产品云仓模式基于云仓网络布局，可以实现数字化和智能化管理，提高其仓储、物流、销售等各个环节的信息化水平和数据共享能力，满足不同消费者的多样化需求，提高服务质量和客户满意度。针对中端白酒所面临的现状，在云仓模式设计中应遵循以下原则：

（1）数据驱动决策。中端白酒的市场需求多变且复杂，需要根据不同的地区、季节、节日、活动等因素进行动态调整。对于中端白酒，如果仅仅依靠人工经验和直觉来制定仓储物流策略，易出现库存积压或缺货的情况，导致资金占用和客户流失。因此，需要利用大数据技术，收集和分析各种仓储物流相关的数据，如库存数据、物流数据、市场数据、销售数据等，通过数据挖掘和机器学习等方法，提取有价值的信息和规律，为仓储物流决策提供科学的依据和建议。

（2）实时追踪。中端白酒现有的仓储空间利用率较低，物流效率低下，仓储管理不规范，物流信息不透明，接近一半的客户不能够及时查询物流配送信息。大部分经销商希望可以在线查询产品物流实时进展、实时位置等信息，以方便经销商提前准备库房进行存货。此外，为了增强中端白酒仓储物流的可靠性和安全性，降低仓储物流中的风险，需要利用物联网技术，通过各类传感设备、RFID、GPS 等设备和系统，对仓储物流的各个环节进行实时监测和追踪，实现仓储物流的全程可视化和智能化。这样可以实时预警仓储物流中的问题，及时向客户和经销商提供中端白酒的物流信息，提高仓储物流的质量和效率。

（3）以销预测。鉴于中端白酒现有的产能与配额不足、交通运输不便、物流时效不稳定等问题，运输中的损耗较大会影响仓储物流的及时性和客户的满意度，降低客户对中端白酒的忠诚度。因此，需要利用人工智能技术，基于历史数据、趋势数据、环境数据等多源异构数据，对未来一段时间内的销售需求进行准确的预测。根据预测结果进行合理的库存规划和配送安排，避免库存过多或过少，缩短库存周转时间，提高中端白酒的周转率，从而降低库存成本，提高客户满意度。

（4）效率优先。面对激烈和残酷的市场竞争和庞大的客户需求，中端白酒生产企业需要不断提升产品自身的核心竞争力和市场占有率。仓储物流效率低下会影响中端白酒的市场反应速度和服务水平。因此，需要通过建立数学模型和计算机模拟仿真，利用优化算法，对仓储物流的各个环节进行优化设计和改进，提高仓储物流的资源利用率和运作效率，从而降低仓储物流的时间和成本，增强中端白酒的市场竞争力。

（5）安全保障。基于白酒的产品特性——易碎和易挥发，需要在仓储物流过程中保证产品完好和品质稳定。在实际的运输过程中，由于不规范的运输方式，中端白酒存在包装损坏、日晒雨淋、货物损毁和遗失等问题。因此，需要利用安全防护技术，通过防火、防盗、防潮、防震等措施，对仓储物流的各个环节进行安全保障，减少仓储物流中的损坏和损失，保证中端白酒的产品质量。

### 7.2.2　中端白酒产品云仓模式设计方案

本书针对中端白酒的产品特点及仓储物流现状设计云仓模式。该云仓模式以中端白酒的产品特性和市场需求为导向，结合白酒企业的业务流程和现有资源，利用物联网、大数据、云计算和人工智能等技术，构建了一个以需求为导向的业务流程数字化管理体系，实现了对中端白酒的仓储、物流、销售等全流程的智能化、信息化和可视化管理。中端白酒云仓模式的优势是能够整合内外部资源，实现供应链的数字化和智能化管理，包括中端白酒库存、销售、运输、配送等各个环节的信息化管理和数据共享，有助于白酒企业与供应商、经销商和客户之间的信息互通和协同，提高业务流程的整体效率和协同能力，提高中端白酒的响应速度、准确度和透明度。其核心是建立一个覆盖全国的中端白酒云仓网络，通过线上线下融合，实现中端白酒的快速流通和高效服务，解决中端白酒现阶段发展存在的瓶颈。中端白酒产品云仓模式包括以下层级：

#### 7.2.2.1　应用层

中端白酒产品云仓模式应用层包括四个核心服务，分别为库存状态监测、全程溯源、订单分类管理以及需求预测。

（1）库存状态监测

该应用能够实时监控库存状态，精确地掌握中端白酒的在库情况，确保及时补充销售所需品类的中端白酒以满足市场需求。该应用服务于中端白酒的所有仓库，各级仓库可以清楚地掌握本仓和其他仓各类中端白酒的所有库存信息，以便及时补充库存。此外，通过需求预测提供的实时数据分析和预测，可以充分了解每种品类的中端白酒的预测销量，进而对中端白酒所在的库位进行及时调整，方便存取。实时监测每个品类中端白酒的库存状态，能够有效地掌握不同品类库存的动态变化，及时调整库存管理策略，防止畅销酒类缺货或积压现象的发生，从而使库存周转率得到提高，保证中端白酒的及时供应，提高整个仓储物流系统的效率。

（2）全程溯源

该应用主要负责对中端白酒进行全程追溯。中端白酒从生产、出厂到核心仓，再到中心仓和城市仓，再分发到下级市场，整个过程中存在漏发、包装损坏、日晒雨淋等诸多问题。对原材料的采购到生产、包装、运输等各个环节进行详尽的记录和监控，能够保证产品质量，并且能够在出现问题时快速定位并解决问题，也能避免中端白酒的损毁、遗失和脱离物流信息网络等情况。全程溯源能够在中端白酒运输过程中发现、识别和拦截异常品，确保每瓶酒的仓储物流信息透明化，有效防止假冒伪劣产品。全程溯源能够提供更全面、更可信的产品信息，从而更好地管理产品库存和销售情况。

（3）订单分类管理

订单分类管理在中端白酒市场的多样性背景下发挥着关键作用。该应用主要服务于城市仓，接收来自各级市场的订单。基于市场现状，订单分类管理可以为不同品类的中端白酒订单设定个性化的订单处理流程。这意味着高销量的白酒可以享有高效的订单处理标准，确保及时交付，而不同品类的订单可以根据其需求得到相应的定制处理。鉴于不同省份需求的不同，特别是在稳定出货地如贵州、河南和山东，订单分类管理帮助优化供应链，以提高库存效率。这有助于集中资源，打造全国性样板市场并在根据地市场深耕渠道。通过不同订单类型的精细管理，客户可以了解其订单的处理流程，提高流程的透明度，增强客户信任。这对于不同品类的中端白酒的用户黏性和客户满意度至关重要。订单分类管理服务还可以帮助白酒企业更好地了解不同省份的市场需求，有助于在新市场中取得成功。

（4）需求预测

需求预测应用为白酒企业提供了深入了解市场需求和消费者行为的能力。鉴于中端白酒市场的多样性，需求预测应用能够进行精准的市场需求预测。该服务不仅可以分析不同品类中端白酒的需求趋势，还可以针对特定省份和地区进行预测。白酒企业可以确保有足够的产能和库存来满足高销量品类的需求，而不至于出现市场供不应求的情况。基于对市场需求的深入了解，白酒企业可以制订更有针对性的生产计划，这意味着高销量品类可以得到更多资源支持，以满足市场需求，而库存不足的问题可以得到避免。需求预测服务还能够为白酒企业提供更好的库存管理策略。根据需求预测，白酒企业可以优化库存水平，确保及时补货并降低库存成本。基于市场需求的精细预测，白酒企业可以更有效地配置资源，以满足市场需求，这有助于降低资源浪费，提高运营效率。因此，通过更精确的市场需求预测，白酒企业可以更快地适应市场变化，提前满足消费者需求，从而增强市场竞争力。

#### 7.2.2.2 服务层

服务层通过各个模块的精细化设置，可以有效地为应用层提供所需服务，每个模块都具有特定的功能和作用，相互独立而又协同工作，以提供全面的服务。

（1）仓库管理模块

仓库管理模块作为服务层模块，为实现库存状态监测应用提供了有力支持。仓库管理模块可以提供不同品类的中端白酒实时库存数据更新，包括库存数量、库存位置等关键信息。同时，该模块还能提供实时的库存移动信息，包括库存的入库、出库、移位等操作。这些实时数据的更新能够让管理者及时掌握库存的实时状况，有效地提高了库存的可见性。

（2）运输管理模块

运输管理模块是可以实现全程溯源应用的核心功能模块，通过实时监控和记录中端白酒的运输状态，确保产品从生产到销售的全程可追溯性。该模块能够实时掌握在途货物的信息，方便快捷地了解运输过程的所有重要事件，有效预防和处理异常情况。

（3）订单管理模块

订单管理模块是实现订单分类管理应用的核心功能模块。该模块明确订单分类的依据和标准，例如订单的品类、性质、金额、优先级等，对不同的订单采取不同的订单处理流程。订单管理模块可以实时更新不同品类中端白酒的库存水平，确保库存的可用性，并跟踪订单状态，根据实际情况不断调整和优化分类的规则和算法，以适应不断变化的市场需求。

（4）销售管理模块

销售管理模块可以实现需求预测层级的功能。该模块收集并分析各品类中端白酒的市场数据，了解客户需求以及市场趋势，为预测层级提供重要的参考依据。销售管理模块还可以根据历史销售数据和市场趋势，对未来的销售额进行预测，帮助中端白酒公司制订更为精确的生产计划，提前做好库存管理。

#### 7.2.2.3 数据层

数据层是服务层的重要支撑，通过对不同来源的数据进行整合和分析，可以更好地了解中端白酒的库存、运输、销售等情况，优化各个层级的管理策略，提高整个物流系统的效率和服务水平。

（1）仓库数据

仓库数据包括核心仓、中心仓和城市仓等仓库的中端白酒库存数据，以及库存位置、出入库记录等相关信息。这些数据可以为仓库管理模块提供数据支撑，通过对这些数据的分析，白酒企业可以更好地掌握中端白酒的库存情况，优化库存管理策略。

（2）物流数据

物流数据的来源主要有企业自有物流公司和第三方物流公司，内容主要包括中端白酒的运输状态、运输时间、运输成本等信息。这些数据为运输管理模块提供数据支撑。通过对这些数据的分析，白酒企业可以更好地掌握物流运输情况，优化物流运输策略。

（3）订单数据

中端白酒的订单数据主要包括订单基本信息、订单客户信息、商品信息和物流信息，这些数据实时更新可以为订单分类模块提供数据支撑。对订单相关信息的整合分析，有利于对订单的合理分类，加快订单处理流程，优化订单管理策略。

（4）销售数据

中端白酒销售数据主要包括中端白酒的市场数据、消费者数据和销售量、销售额等财务数据。这些数据的实时更新为销售管理模块提供数据支撑。通过对这些数据的分析，白酒企业可以更好地了解中端白酒的市场需求和销售情况，优化销售策略。

### 7.2.3　中端白酒云仓模式功能模块

#### 7.2.3.1　仓库管理模块

仓储管理系统是可以帮助企业管理仓库的日常运营，包括收货、存储、拣配、包装、发货、库存跟踪等。仓储管理系统的目的是提高仓库运作的效率、准确性，并有效控制成本，同时实现与供应链的协同和信息共享。

首先，中端白酒的仓储管理系统通过物联网、大数据、云计算等技术，实现对中端白酒的精确定位和快速存取，充分利用仓库空间。同时，仓储管理系统通过条形码或二维码等技术，实现对中端白酒的全程追溯，记录成品酒原料的来源、数量、批次、质检等信息，保证原料的安全性和合规性。

其次，仓储管理系统通过温湿度传感器、视频监控等设备，实现对成品酒的恒温恒湿和安全防盗的监控，保证基酒的稳定性和安全性。同时，仓储管理系统通过射频识别、二维码、条形码等技术，对中端白酒进行唯一标识和追溯，记录成品酒的年份、品种、窖池、存放时间等信息，以确保成品酒的可追溯性和可溯源性；也可以实现对成品酒的快速拣选和出库，提高仓库效率和客户满意度。仓储管理系统通过防伪标签、防伪码等技术，实现对中端白酒的防伪识别和防窜货监控，保护中端白酒的知识产权和消费者权益。仓储管理系统还支持多仓管理，能够帮助白酒企业更好地管理分布式仓库物流网络。

最后，在货架布局上，中端白酒仓库采用 ABC 分类法，根据市场需求和销售情况，将最热销的中端白酒存储在最容易存取的货架。通过这样的分类方法，仓库能够在有限的资源下更好地管理库存，将重点放在最重要的品类上，确保其持续供应，同时降低不太重要的品类的库存成本。结合销售管理模块对不同品类中端白酒的需求预测和库存情况，企业可以更好地计划采购、生产、库存转换和库存控制策略。

在实现中端白酒仓库管理智能化、信息化的过程中，拟采取以下技术或设备：

（1）物联网（IoT）。物联网技术用于通过传感器和设备实时监测中端白酒的位置和状态，以便更好地掌握库存和快速存取物品。

（2）大数据。大数据技术用于处理和分析与中端白酒有关的海量数据，以支持库存管理和决策制定。

（3）云计算。云计算用于存储和处理数据，以实现跨多个仓库和地点的协同和信息共享。

（4）温湿度传感器。这些传感器用于监控成品酒的存储环境，以确保温度和湿度保持在适当的范围内。

（5）视频监控。视频监控设备用于监控仓库内的安全性，并记录成品酒的温度等信息。

（6）射频识别（RFID）。RFID 技术用于对成品酒的智能化管理，记录成品酒的详细信息，包括年份、品种、窖池和存放时间。

（7）防伪标签和防伪码技术。这些技术用于确保中端白酒的真实性，以及防止伪劣产品流入市场。

这些信息技术和自动化方法结合在一起，有助于提高仓库操作的效率、准确性，从而确保中端白酒的品质和供应，也有助于实现现代化的仓储管理，保障产品的质量和可追溯性。

### 7.2.3.2 运输管理模块

运输管理模块提供多种功能，主要负责中端白酒的运输计划、运输调度、运输追踪等运输业务。运输管理模块能够提高运输效率和准确性，降低运输成本和风险，在中端白酒的运输中具有很重要的作用。

首先，中端白酒的运输管理系统可以帮助规划最有效的运输路径和路线，以减少中端白酒的运输成本并提高交付效率，还可以管理运输车队，包括车辆的分配、维护、司机的排班和性能监控。其次，通过温湿度传感器、视频监控等设备，实现对中端白酒的恒温恒湿和安全防盗的监控，保证其稳定性和安全性，以减少中端白酒在运输过程中漏发、包装损坏、日晒雨淋等现象。配送管理系统能够有效规划、监控和优化中端白酒的配送和交付流程。其主要功能包括路线规划、订单跟踪、司机分派、实时通信、费用计算、异常处理等。最后，云仓模式将中端白酒存放在分布在全国各地的仓库中，能够实现快速、灵活、高效的配送服务。

运输管理模块的实时跟踪和可见性，能够使客户或经销商清楚地了解中端白酒的位置和交付状态，提前做好收货准备。在实现中端白酒运输管理智能化、信息化的过程中，拟采取以下技术或设备：

（1）GPS 定位系统。每辆运输车辆需要装备 GPS 设备，以便实现准确的车辆定位。这些 GPS 数据可以与 TMS 集成，使管理人员能够实时跟踪车辆的位置。

（2）温湿度传感器。用于监控中端白酒的温度和湿度。这些传感器可以提供实时数据，以确保中端白酒在运输过程中保持恒温恒湿的条件。

（3）视频监控系统。用于监控运输车辆和货物，以确保货物的安全。视频监控系统可以记录车辆内外的情况，以便在需要时进行调查和证据保存。

（4）车载终端。车载终端是安装在运输车辆上的设备，用于监控和控制车辆的各种参数和状态。它可以提供 GPS 数据、车辆监控信息、通信功能和远程控制选项。

依托云仓的云计算、大数据分析等技术的优势，关联每个产品的物流信息，完善溯源链条，实现全链条管控。通过整合信息技术和管理系统，可以实现对中端白酒运输过程的全面监控和管理。

### 7.2.3.3 订单管理模块

中端白酒的订单管理模块根据客户的不同需求和业务性质，将订单分为不同的类别。例如，可以根据中端白酒的品类进行分类，也可以根据客户的特殊需求进行分类，如对某些客户订单进行优先处理，对某些订单进行拆分等。此外，还可以根据业务规则进行分类，如根据中端白酒的销售量、销售额、客户等级等指标对订单进行分类。

对于不同类别的订单，系统可以采取不同的处理流程和状态跟踪方式。对订单处理过程中的各个环节进行实时跟踪和监控，能够及时了解订单的状态和进度。在状态跟踪中，可以设置不同的状态标志，如待审核、已审核、待拣货、已拣货、待发货、已发货等状态。同时，可以通过信息系统及时将状态信息反馈给客户，让客户了解订单的实时状态和进展情况。自动化处理旨在优化订单处理流程，它通过设定一系列规则，根据订单类型、中端白酒品类和特定条件，自动执行各项任务，从订单确认、库存分配到发货流程，以提高效率、减少人工干预，降低操作风险。

在实现中端白酒订单管理智能化、信息化的过程中，拟采取以下技术或设备：

（1）云计算。使用云计算技术可以快速存储和查询大量订单数据，提高数据处理效率和可扩展性。

（2）大数据。通过对大数据分析技术的应用，对市场趋势、客户需求、竞争状况等信息进行深入挖掘和分析，为制定销售策略和优化产品线提供数据支持。

（3）人工智能。利用人工智能技术对订单数据进行自动分类、预测和优化处理，提高订单处理效率和准确性。

（4）自动化处理设备。利用自动化处理设备如自动化拣货系统、自动化打包机、自动化贴标机等，提高订单处理效率和准确性。

（5）物联网技术。利用物联网技术实现订单信息的实时传输和处理过程的实时监控，提高订单处理的可靠性和及时性。

通过应用以上技术手段，中端白酒的订单管理模块可以更加高效、准确、灵活地处理大量订单数据，提高客户服务质量和整体运营效率。

### 7.2.3.4 销售管理模块

销售管理模块作为中端白酒云仓模式的最后一阶段，具有至关重要的作用，它主要负责价格管理、销售预测和售后服务等工作，以提高客户的满意度和促进中端白酒的市场推广。该模块利用云计算、大数据、人工智能等技术，对中端白酒的销售策略进行分析和优化，实现对中端白酒销售的智能化定价、智能化促销、智能化分析等销售业务的智能化管理，从而提高销售效率和质量。白酒企业对中端白酒的销售数据进行收集和分析，可以实现对中端白酒的销售的实时监控和智能化预测，提高销售效率和准确性。白酒企业利用移动端、微信端、网页端等多种渠道对中端白酒的销售评价数据进行收集和处理，可以实现对中端白酒的销售的实时反馈和智能化改进，提高销售效率和客户满意度。销售管理模块的主要目标是通过优化销售流程、提高客户满意度和忠诚度、增加销售收入等手段，实现中端白酒公司的经营目标。

销售管理模块需要与仓库管理模块、运输管理模块和订单管理模块紧密配合，以实现订单的准确、高效处理和交付。针对中端白酒产品云仓模式下的销售管理，主要有以下四个部分：

（1）客户关系管理（CRM）。通过建立完善的客户信息和关系管理系统，了解客户需求，提高客户满意度和忠诚度。CRM系统可以为客户提供信息管理、销售机会管理、客户服务管理和客户满意度调查等功能。

（2）价格管理体系。通过建立完善的价格管理体系，制定合理的价格策略，并根据中端白酒的市场变化及时调整价格。价格管理体系包括价格制定、价格审批、价格查询和价格调整等功能。

（3）售后服务管理。提供优质的售后服务，包括退换货、维修保养、客户投诉处理等。售后服务管理系统可以记录客户的问题和需求，提供解决方案并跟踪处理结果，以提高客户满意度。

（4）需求预测。通过分析中端白酒的历史销售数据和市场趋势，进行需求预测，为销售计划、采购计划、库存计划的制定提供依据。

销售管理模块与仓库管理模块、运输管理模块和订单管理模块等的协同配合，能够优化整个中端白酒云仓模式下的运营流程，提高整体运营效率和服务水平。

### 7.2.3.5 综合管理模块

为了更好地保障中端白酒的储存、运输和销售，云仓平台还设置了综合管理模块。该模块主要用于对整个运营过程进行全面监控、异常处理和资源调度。综合管理模块利用物联网设备和智能化系统，实现对中端白酒云仓的全面控制和智能化管理，提高云仓的运行效率和稳定性，降低云仓的运行成本和风险。

综合管理模块可以对仓库管理、运输管理、配送管理和销售管理等多个模块进行全面监控，及时发现和解决潜在问题，确保整个运营流程的顺畅。同时，该模块还能对各个模块的数据进行实时分析和处理，为运营决策提供数据支持。

在异常处理方面，综合管理模块可以及时发现并处理运营过程中的异常情况，如运输设备故障、人员短缺、酒品质量问题等。对于出现的问题，该模块会立即启动应急预案，迅速调配资源并协调各个模块，确保问题得到及时解决。

在资源调度方面，综合管理模块可以对仓库、运输车辆、人员等资源进行全面调度和管理；通过对资源的合理配置和优化，可以实现资源的最大化利用，降低运营成本并提高整体运营效率。同时，该模块还能对各个模块的资源使用情况进行实时监控和调整，以满足实际需求。

综合管理模块通过智能化、数字化、可视化等技术手段，实现对整个中端白酒云仓模式的全面监控、异常处理和资源调度，确保整个运营流程的顺畅和高效。同时，该模块还能为运营决策提供数据支持，帮助企业更好地把握市场趋势和客户需求，实现中端白酒生产企业的持续发展和经营目标。

### 7.2.4　中端白酒产品云仓模式实施策略

为了成功实施中端白酒产品云仓模式，需要经过以下八个阶段：

（1）计划和准备阶段

在这个阶段，首先需要清晰地定义中端白酒云仓模式的目标，这包括提高库存周转率、优化物流配送、提升客户满意度等多方面。其次，通过深入分析市场需求和竞争环境，制订一套详细且全面的实施计划，包括具体的步骤、时间节点、资源需求等。最后，评估白酒企业现有的技术和设备资源以及人员能力和素质的过程也是必不可少的，明确需要加强和改进的方面，为后续的技术选型和采购做好充足的准备。

（2）技术选型和采购阶段

在这个阶段，首先需要对市场上的各种先进技术进行充分研究和分析，如云计算技术、物联网设备、仓储管理系统、运输管理系统等。其次，通过对比各种技术的优劣，选择最适合中端白酒云仓模式的技术和设备。最后，与设备供应商进行积极谈判，尽可能争取有利的采购方案和合同条款，确保所选择的技术和设备的质量、价格和服务都能满足企业的需求。

（3）设备安装与员工培训阶段

在进行设备安装阶段，需要先将选定的技术和设备安装到实际环境中，并根据中端白酒仓库的实际运营情况进行调整。同时，为了确保其稳定性和可靠性，需要进行全面的测试和调试工作。例如，设备的安装环境是否安全、功能性是否完备、与其他系统的兼容性等都是需要检查的内容。此外，还需要对新的设备和技术的性能进行严格的测试，如压力测试等，以确保在中端白酒销售的高峰期能够稳定运行。最后，需要对员工进行细致的培训，使他们能熟练掌握新设备和技术的应用和操作，提高工作效率和质量。

（4）系统研发与集成阶段

在这个阶段，研发团队需要对中端白酒云仓平台的各个模块进行详细设计、开发和测试。例如，需要开发用户端、管理端、数据端等模块，并实现用户注册、登录、查询、评价等功能。同时，需要与其他业务系统进行集成和对接，实现数据的共享和交互。例如，需要与中端白酒的生产系统、财务系统等进行数据同步，并提供统一的接口。

（5）系统测试与调试阶段

在这个阶段，需要对整个云仓平台进行全面测试和调试，以确保其稳定性和可靠性。测试内容包括但不限于功能测试、界面测试、安全测试等。测试过程中需要细致地寻找并修复可能存在的问题。同时，还需要模拟实际应用场景进行测试，以检验云仓平台的适应性和性能。例如，需要模拟不同规模的订单处理、不同类型的用户需求、不同地区的物流情况等，并评估平台的响应速度、容错能力等。

（6）培训与试运营阶段

在这个阶段，将针对不同的用户角色进行系统的培训。例如，针对用户端的操作员，培训他们如何使用平台进行操作；针对管理端的管理员，培训他们如何进行管理；针对数据端的分析师，培训他们如何利用数据进行分析等。培训完成后，将在实际场景中进行试运营，以检验系统的实际效果。例如，在部分地区或渠道进行试销活动，收集并分析用户反馈和建议，根据实际情况进行调整和优化。

（7）正式运营阶段

在这个阶段，云仓平台将正式投入使用并进行持续的监控和维护。这需要定期检查平台的运行状况并制定应急预案以应对可能出现的异常情况。同时，根据市场变化和客户需求进行不断优化和更新以提高效率、降低成本、提升服务质量。例如，根据用户反馈和数据分析的结果，改进平台的功能和界面以更好地满足用户需求；增加新的服务和活动以提高用户的忠诚度和满意度。

（8）持续优化与更新阶段

在这个阶段，根据实际应用情况和市场反馈，持续优化和更新云仓平台是至关重要的。需要密切关注用户的反馈和建议，以及市场的变化趋势，有针对性地优化平台和服务。例如，根据用户的使用行为和反馈，改进平台的功能和界面设计；根据数据分析的结果，优化库存管理和物流配送等关键环节。同时，还需要积极关注新技术的发展和应用，如人工智能、大数据、区块链等新兴技术，并将这些技术引入到我们的业务中来提升云仓平台的智能化、数据化、信任化水平。

# 7.3 低端白酒产品云仓模式设计

## 7.3.1 低端白酒产品云仓模式设计原则

经过市场考察调研，发现低端白酒企业在品牌营销、仓储物流等方面存在一定问题。产品方面，低端白酒品牌行业"声望"仍有待提升；经销商方面，经销商布局较弱，网络渠道及市场运营综合实力不强；需求量方面，产品的生产量远大于需求量，且产品需求量在全国各省份存在分布严重不均的现象；仓储方面，目前市场上低端白酒仓储规模较小，同时对于存储要求也较高。

针对该类白酒企业的经营现状和我国低端白酒行业的市场特点，结合白酒企业云仓的选址布局结果，发挥核心仓、中心仓和城市仓三级仓网的综合优势，最终设计的云仓模式应能够使企业的运输网络得到完善、销售渠道得到拓宽、综合运营实力得到提升、满足需求变化的能力得到保障，在一定程度上提高白酒企业的竞争力。因此，低端白酒产品云仓模式的设计应遵循扩销增产、灵活扩展、实时追踪、多仓协同等原则。

（1）扩销增产。当前，低端白酒企业仍然处于事业上升期，它们近三年的发展目标依然是抢占我国低端白酒行业市场，发挥城市仓分布广、数量大等核心优势，重点面向社区、乡村等基层市场，以扩大市场份额。因此，低端白酒产品云仓的设计应充分符合公司的实际需求，保障全国各大区仓库的仓储、中转能力，同时降低仓储成本，提高仓储设施利用率。

（2）灵活扩展。目前，低端白酒企业旗下产品产量较为充足，同时有调查表明约70%的代理商的仓储能力处于饱和状态，通过云仓对公司现有仓储能力进行改善显得尤为迫切。未来，低端白酒企业将进一步拓宽销售渠道，扩大市场份额。综合以上情况，低端白酒企业云仓模式应具备灵活扩展的能力，合理预留省会城市中心仓、高需求量市域城市仓等仓网空间，以保障企业对于响应未来需求变化的仓储能力。

（3）实时追踪。由于低端白酒企业产品的价值属性，代理商和消费者往往对商品运输时效较为关注。然而，目前低端白酒企业产品的运输环节仍存在信息不透明的情况，不仅经销商无法实时查询订单的运输情况，而且客户也无法获得商品的实时位置和流通情况，这一问题严重影响了公司与经销商之间货物的顺利衔接，以及消费者的购物体验感。因此，低端白酒企业云仓模式应对订单货物流通的全过程进行管理，对成品酒在核心仓、中心仓、城市仓和经销商之间的流动进行全程监控，提高物流环节的信息化程度，提高运输、仓储和销售过程的透明度，解决当前企业在商品交付领域中面临的一些难题。

（4）多仓协同。低端白酒企业旗下产品定位为优质中低端白酒，目标客户市场瞄准社区、乡村等基层市场。针对低端白酒企业的市场战略，结合三级云仓布局，低端白酒企业可以很好地发挥核心仓的战略储备作用，保障需求不确定环境下成品酒的稳定供给，同时利用中心仓的中转枢纽优势，扩大各区域城市仓对基层市场的影响。多仓协同运行的云仓模式通过分布在不同区域的不同层级的仓库间的协同，不仅可以使云仓模式达到较为成熟的形态，也能提升低端白酒企业应对需求变化和市场变化的响应能力。

### 7.3.2 低端白酒产品云仓模式设计方案

企业要根据竞争激烈的经营现状及产品特点构建低端云仓模式。其云仓模式以白酒企业的三级仓库为支撑，自上而下设置三层架构，第一层为应用层，第二层为服务层，第三层为数据层。

#### 7.3.2.1 应用层

应用层设计了四个主要应用，分别为：需求预测应用、多仓协同应用、链路溯源应用、订单预测应用。

（1）需求预测应用。需求预测应用的建设旨在提升公司理解市场需求、规划供应链以及提高客户满意度的各项能力，支持白酒企业核心仓的高效运转，提升中心仓和城市仓在产品物流末端的综合服务能力。竞争激烈白酒企业产品市场存在较大发展空间，对其未来销量需求进行较为准确的预测是其发展中低端产品的关键步骤；对有一定规模的销量的产品来说，未来需要对其在不同区域、不同省份的需求开展进一步预测，以提升其云仓建设收益。以下是需求预测应用计划实现的主要目标：

①准确的需求预测。通过采集、整理和分析来自不同经销商、消费者的历史数据，参考三级仓网的运作情况，对市场趋势进行判断，预测未来公司各类白酒产品的需求量。

②提高客户服务水平。通过相对准确的需求预测结果，白酒企业可以更好地制订生产计划、库存策略，从而为客户提供更高水平的服务，提升客户满意度。

③支持战略决策。需求预测应用不仅能够提供预测结果，还是一个决策支持系统，可以帮助企业制定长期供应链和市场战略。

（2）多仓协同应用。多仓协同应用的建设旨在支持白酒企业构建"M+Q+N"市场，提升公司对三级仓网的管理能力，发挥核心仓、中心仓和城市仓等各级仓库的核心竞争力。未来将开拓基层市场的产品，重点面向乡村和社区以扩大市场份额，多仓协同的应用服务可以满足白酒企业对于高效库存调配和降低管理成本的需求。以下是多仓协同应用计划实现的主要目标：

①库存调拨和移动。允许在不同仓库之间调拨和移动库存，以满足需求或平衡库存水平，保障企业高质量完成订单任务。例如，城市仓数量多、分布范围广，不同区域内的城市仓调货需求量大且急，白酒产品云仓模式支持不同城市仓之间的货物调拨，也支持中心仓和核心仓与城市仓的协同，提升三级仓网的核心竞争力。

②多仓库存规划。白酒企业基于需求预测和销售趋势，规划多仓库存，确保每个仓库都具有适当的库存水平，以满足需求。

③库存跟踪和可见性。提供实时的多仓库存跟踪，使白酒企业能够清楚地了解每个层级的每个仓库的存货情况，包括当前库存水平、历史库存数据和即将到货的库存。

（3）链路溯源应用。链路溯源应用的建设旨在为消费者提供一个可信任的消费环境。例如对于价格相对较高产品，消费者对于其产品的真伪和运输安全性具有较高要求，因此，链路溯源应用的部署可以为消费者提供验明产品真伪的服务，以此提升消费者的满意度。以下是链路溯源应用计划实现的主要目标：

①产品溯源。允许客户或经销商从产品标识（例如瓶身二维码或条形码）获取详细的产品信息，包括生产日期、生产地点、生产商信息和分销记录。

②批次追踪。消费者能够跟踪白酒从生产、出厂到核心仓，再到中心仓和城市仓，再分发到下级市场，直至到达消费者手中的整个过程。这包括原材料的来源、生产日期、生产批次和过程中的记录。

③供应链透明度提升。提高对整个供应链的透明度，包括供应商、制造商、分销商和零售商的信息，满足白酒企业对于追踪产品在供应链中移动状态的需求。

（4）订单预测应用。订单预测应用的建设旨在提升公司计划排产、规划供应链和库存优化管理的各项能力。对于白酒企业的各项产品，其订单分布和订单数量各不相同，白酒产品的目标客户和细分市场也不相同，因此对不同类别产品进行相对准确订单预测有助于白酒企业加强销售管理，推进扩商优商计划。以下是订单预测应用计划实现的主要目标：

①降低库存成本。通过准确的订单预测，白酒企业可以避免库存过剩，从而降低库存成本，包括存储、保险和资本成本。

②提高库存周转率。通过订单预测，白酒企业可以将库存更快地转化为销售订单，从而提高库存周转率，释放资本并降低风险。

③降低供应链风险。通过监测订单预测数据，白酒企业可以更好地预测供应链问题，并及时采取措施减少风险。

### 7.3.2.2 服务层

服务层包括各功能模块，如支持需求预测应用和多仓协同应用的仓库管理模块，支持白酒产品链路溯源应用的运输管理模块和配送管理模块以及支持各品类白酒订单预测应用的销售管理模块。

（1）仓库管理模块。仓库管理模块集成了 WMS 系统和 IES 系统，利用人工神经网络和数据驱动决策方法对数据层采集的多源数据进行处理、分析，得到相应预测结果以支持需求预测应用和多仓协同应用。这一模块的建设实施能够充分将核心仓、中心仓和城市仓进行连接，发挥白酒企业三级仓网的竞争优势。

（2）运输管理模块。运输管理模块采用路径规划算法引擎对干线运输路线进行优化，同时对产品运输状态进行实时反馈，关联产品的物流信息，完善溯源链条。这一模块的部署能够良好地支持链路溯源应用的干线运输部分，对白酒产品的物流信息进行全线跟踪。

（3）配送管理模块。配送管理模块对白酒产品配送的各个环节进行计划、组织、协调、控制和监督，通过订单标识跟踪、时间戳记录以及对货品签收确认等手段，实现对订单来源、配送活动以及对收货人扫描记录的监测。这一模块的部署对于支持链路溯源应用的配送环节以及支持城市仓提高物流末端服务能力具有重要作用。

（4）销售管理模块。销售管理模块通过对订单数据和价格数据进行采集、整理和分析，构建需求模型，分析不同客户的订购模式和周期性，并及时收集客户的反馈，更好地理解市场需求。这一模块的部署能够很好地支持订单预测应用，对于白酒企业提高库存管理的效率、降低成本、满足客户需求、在市场竞争中取得竞争优势等具有重要作用。

### 7.3.2.3 数据层

数据层为各节点提供多源数据，其节点包括云仓网络中的各核心仓、中心仓、城市仓和分拨配送点等运输节点以及 2B 端的各级经销商和 2C 端的直营门店；由各节点提供的包括仓储数据、运输数据和销售数据在内的各类信息能够有效支持服务层各功能模块的正常运转并保障其输出高质量决策信息。

## 7.3.3　低端白酒产品云仓模式功能模块

### 7.3.3.1　仓库管理模块

仓库管理模块的建设实施旨在支持应用层的需求预测和多仓协同两项主要应用，目的是提升白酒企业理解市场需求、规划供应链、优化库存管理和提高客户满意度的各项能力，同时支持白酒企业三级仓网的完善，提高包括核心仓在内的三级仓库的核心竞争力。仓库管理模块建成部署后计划实现以下目标：

（1）提供准确的需求预测。仓库管理模块的首要目标是提供准确的需求预测，通过分析历史数据、市场趋势和其他相关因素，预测未来产品的需求量。对于不同品类产品，仓库管理模块会配置不同的仓储资源。

（2）提高库存可视性。实现对在库白酒产品的实时追踪和管理，确保白酒企业能够掌握库存动态。

（3）支持多仓协同运营。白酒企业各级仓库遍布全国各地，仓库管理模块建成之后将实现分布式仓库网络的集中管理。

（4）仓储环境实时监控。由于白酒产品的特殊属性，仓储环境的温度、湿度必须在指定范围内，仓库管理模块建成之后将实现对仓储环境的实时监控，确保酒类产品的存放安全。

（5）提高物流效率。自动化流程和任务，提高工作效率，同时通过优化拣选、包装和货物流转过程，缩短处理时间并降低错误发生率。

仓库管理模块的建设应充分利用包括大数据、人工智能、物联网、云计算、区块链等新一代信息技术。白酒企业仓库管理模块计划采用以下信息技术：

（1）物联网。通过在仓库中部署物联网传感器，可以实现对库存货物位置和数量的跟踪，实现对仓库内温度、湿度和其他环境条件的监控，实现对仓库内各项设备运行状态和健康状况的监测等功能。

（2）云计算。云计算可以提供高度灵活、可伸缩的存储、计算服务，能够使不同层级的多个仓库管理员协作、远程访问仓库数据和信息管理系统，实现分布式仓库网络的集中管理，简化了库存协调和信息共享的流程。

（3）大数据分析技术。需求预测的关键在于对数据的分析，预测系统通过对大量的历史数据和外部数据源进行处理，识别市场发展趋势以及内部关联，得到相对精确的预测结果。

（4）机器学习算法。机器学习算法可以用于构建复杂的需求预测模型，能够自动调整和适应变化的市场条件。

（5）区块链。区块链技术是近年来得到广泛应用的新一代信息技术，将其应用在仓库管理模块中可以提高库存数据的安全性，防止数据篡改和欺诈。同时，区块链技术也可以用于货物的溯源，可以通过唯一的区块链标识符记录其生产、运输和存储信息，确保货物来源及质量。

以上仓库管理模块的实现需要相应的智能决策信息系统技术软件支持，需要包括计算机服务器、数据库服务器、物联网传感器、RFID读写器、扫描枪等硬件设备，以及用于连接各级仓库、分布式系统和计算资源的网络设备等。

### 7.3.3.2 运输管理模块

运输管理模块的建设旨在支持链路溯源应用，对低端白酒产品运输进行全链路把控。同时，由于白酒企业产品的高价值属性和品牌效应，运输管理模块同样需要承担关于货物运输和物流操作的规划任务，以及重点考虑运输过程的安全性和对客户及经销商的敏感信息保护。以下是运输管理模块的建设目标：

（1）通过对产品运输状态进行实时监控，关联产品的物流信息，完善溯源链条，支持链路溯源应用的干线运输部分，对低端白酒产品的物流信息进行全线跟踪。

（2）通过优化运输路线、合理配置运输资源，降低燃料和人工成本，提高工作效率。优化运输计划，提高交付准时性，降低交通拥堵和延误发生概率，确保货物的准时送达。追踪货物的运输状态，将货物的实时位置信息反馈给客户，提高客户满意度，增强客户关系。通过车载终端和监测系统确保运输过程的安全性和合规性，防止货物的意外损害或丢失。

（3）针对低端白酒产品运输的特殊需要，并结合"智慧物流"的发展策略，运输管理模块的建设应充分利用包括大数据、人工智能、物联网、云计算、区块链等新一代信息技术。

运输管理模块的建设实施与仓库管理模块的软硬件需求类似，需要各类服务器、云计算资源以托管系统，需要网络设备确保高速且可靠的网络连接，同时需要相应的信息系统技术支持。

### 7.3.3.3 配送管理模块

配送管理模块的建设旨在与运输管理模块共同支持链路溯源应用，对低端白酒产品的配送进行全链路把控。同时，有效地优化和管理物流、配送过程，确保产品按时高效地送达至客户手中也是配送管理模块的建设宗旨。以下是配送管理模块的建设目标：

（1）通过在配送过程中对货物进行实时监控，实现产品在配送链路上的溯源管理，保证交付至客户手中的产品的来源和流向清晰可见。配送管理模块的主要目标之一是确保订单能够按时、高效地交付给客户。这包括准时交货、减少交付延误，提高订单处理速度和减少等待时间。

（2）提高客户满意度是关键目标之一。通过准时交付、提供实时交付信息以及满足客户的特殊需求，公司可以提高客户满意度，增加客户忠诚度。

（3）配送管理模块需要确保货物在运输过程中的安全性，以减少货物失窃、损坏或灾害性事件的风险。

配送管理模块的应用需要多种信息技术的支持，这些技术可以在一定程度上提高模型的准确性和效率。以下是模块计划采用的新技术：

（1）北斗导航系统和地理信息系统。使用北斗导航系统和 GIS 技术，以实时监控车辆的位置和优化交付路线。

（2）物联网。通过在卡车中部署物联网传感器，可以实现对运输货物的实时跟踪，实现对车内温度、湿度和其他环境条件的监控，保障低端白酒产品的安全配送。

（3）边缘计算。边缘计算能够将算力附加到物联网设备或传感器附近，通过云边协同实现更加快速的实时状态反馈。

配送管理模块的构建需要相应的信息系统软件支持，服务器、网络设备和云计算资源等硬件支持，与仓库管理模块和运输管理模块的需求类似，这里不再赘述。

#### 7.3.3.4 销售管理模块

白酒企业的销售管理模块的建设旨在支持订单预测应用，同时提高订单处理效率以满足客户需求，并完善整个供应链的管理。其建设目标具体如下：

（1）构建订单预测模型，基于历史数据、市场趋势和其他因素来预测订单量，以便更好地规划生产和库存。

（2）销售管理模块的建设实施可以帮助公司加快订单的接收、处理和交付速度，缩短订单处理时间以提升客户满意度。

（3）销售管理模块可以帮助公司实时跟踪订单状态和供应链活动，便于公司计划排产和库存管理，在一定程度上提升公司的响应能力。

（4）销售管理模块能够在一定程度上实现自动化订单处理，从而减少人工劳动的参与，降低错误发生的概率，提高工作效率。通过订单数据可以实时调整库存状态，降低库存成本。

配送管理模块的建设实施需要各类服务器、云计算资源与托管系统，需要网络设备确保高速且可靠的网络连接，同时需要相应的信息系统技术支持。

### 7.3.4 低端白酒产品云仓模式实施策略

结合白酒供应链数字化转型，白酒企业将以满足客户需求为导向，以提升服务质量为目标制定云仓模式的实施策略。以低端白酒产品云仓模式实施策略分为规划和准备、基础设施和工具选择、云仓设计和布局、测试和优化以及云仓运维和系统迭代五个阶段的内容。

#### 7.3.4.1 规划和准备阶段

（1）需求分析。详细了解公司的发展目标、经营现状、市场需求、仓储需求等相关情况，明确采用云仓模式的目的以及预期效果，制定白酒企业云仓模式的实施目标，为后期工作提供有力的指导。

（2）技术评估。通过实地考察和问卷调查等形式了解公司目前的基础设施，对现有技术基础设施进行系统评估，确保其能够支持云仓模式的实施，或进行必要的升级和更新。

（3）人员培训。云仓模式建成投入使用后，会与白酒企业现行的工作模式存在较大出入，因此，有必要对公司现有工作人员包括中层及以上管理人员进行相应的培训，保证云仓模式的顺利运行。

#### 7.3.4.2 基础设施和工具选择阶段

（1）新一代信息技术。白酒企业的云仓模式部署和运行需要新一代信息技术的支持，包括云计算、物联网、大数据技术、人工智能和移动互联网。白酒企业云仓模式的部署需要云计算资源的支持，选择合适的云存储、云计算模式是基础设施选择的重要步骤；物联网技术是现代物流系统中不可或缺的一项关键技术，通过安装传感器、标签车载终端等设备实现对货物位置、环境温湿度等指标的实时监控；人工智能算法和大数据技术可以支持公司进行需求预测、库存优化等决策的制定，是云仓平台服务层模块的主要支撑技术之一。

（2）信息系统技术。公司的云仓模式由仓库管理模块、运输管理模块、订单管理模块和价格管理模块等子系统组成，对于各级子系统开发所需采用的信息系统技术应进行合理选择。

#### 7.3.4.3 云仓设计和布局阶段

（1）云仓选址。根据需求分析阶段的结果，确定仓库的容量和功能需求，考虑酒类产品存放的特殊环境要求以及安全要求。根据市场需求和物流网络，选择合适的仓库位置。仓库位置应该交通便利，靠近主要消费市场。

（2）布局设计。对仓库操作流程进行详细分析，包括货物接收、存储、拣选、包装和装车等环节。设计货架和存储设施的布局，以最大限度地提高库存密度，减少货物存放和检索的时间。考虑使用自动化存储和检索系统，如自动堆垛机器人，以提高操作效率和减少人力成本。设计装卸区域，确保货物的顺畅流动。考虑使用输送带和升降机等设备。

（3）安全和合规性。设计安全措施，如视频监控、安全门禁和货物追踪系统，以确保货物的安全。确保仓库操作符合相关法规和合规性要求，特别是酒类运输和存储的法规。

### 7.3.4.4 测试和优化阶段

（1）系统测试。系统测试的目的是验证云仓模式是否能够满足预期目标并正常运行。需要对各子系统进行包括功能测试、性能测试和集成测试。

（2）流程测试。流程测试是指对云仓模式的各平台、各系统之间的协作流程和工作流程进行测试，包括操作流程测试、库存管理测试和需求预测测试。

### 7.3.4.5 云仓运维和系统迭代阶段

（1）云仓运维。白酒企业的云仓模式在完成建设实施后即进入正常的运行阶段，这一阶段需要对云仓进行常规运维，包括进行日常管理和监控，如库存管理、订单处理、物流运输、客户服务等各个方面的日常工作。同时需要建立实时性能监控系统，监测仓库操作、库存水平和物流效率等关键指标，及时发现并解决潜在问题。常规运维也包括面向客户的维护工作，如提供及时的客户支持和交流，确保客户满意度，解决客户的问题和需求，及时响应订单查询。

（2）系统迭代。云仓模式的成功不仅在于持续的运维，也取决于系统迭代。系统迭代工作包括反馈收集、流程优化与重组、新功能开发和用户接收测试等部分，需要公司持续监测系统的性能和用户反馈，发挥主观能动性，不断优化和改进系统。

# 8　白酒产品云仓实施的保障措施

## 8.1　确保云仓基础设施安全

在物流仓储模式向智能化、精细化、数字化转型的过程中，为了确保云仓建设顺利实施，需要率先确保云仓基础设施安全。针对以上需求，关于云仓基础设施建设的一些具体保障措施如下：

（1）明确云仓平台各层级使用权限。针对不同层级应用，应成立专门的权限管理部门。

（2）云仓内部的智能设备，存放配件和耗材的区域要与办公区域和公共区域隔离，并需专人看管。相关易损耗的智能设备，应展开定期维修保养。

（3）智能仓储内部区域、外部周围区域都需安装监控设备，同时安保人员需全天候分时段巡逻，对基础设施进行集中视频监控，实现对云仓平台基础设施区域的无死角、全方位视频监控，并进行检测和实时跟踪。设备区域内所有人员的活动记录长期电子保存，视频记录到保存 3 个月，特定区域采用掌纹识别技术等安全措施。

（4）实时更新授权名单，只允许授权名单内人员或非长期授权人员在通过核实工单真实性的审批后方可进入数据中心。非长期授权人员或非固定人员访问时，必须在数据中心流程系统上提交需求，并经主管审批通过后方可访问需求区域，且驻场人员全程陪同。此外，应不定期对访问人员情况进行审计，严格管控非授权人员访问。

## 8.2　确保全链路数据安全

白酒产品云仓的全过程仓储物流是以大量的交互信息流作为支撑的，确保仓储物流的信息传递安全高效是确保云仓全链路安全的重要环节。基于以上目标，制定以下保障措施：

（1）安全审计和监控。建立安全审计和监控机制，以检测异常活动、潜在的威胁或未经授权的访问，并迅速采取措施应对这些问题。为了保障产品安全，必须做好应用层和数据层的互联安全措施，可以选择派遣专职人员进行网络安全的维护，也可以外包给受信任的第三方网络安全公司，防止遭受网络安全攻击导致的订单产品数据泄露。同时，制定相关的物理安全保障措施确保云仓系统的服务器和数据中心受到保护，以防止未经授权的访问。

（2）数据加密。所有在云仓系统中传输的数据应该经过加密，包括数据在传输过程中和数据在存储中的加密，以防止未经授权的访问和数据泄露。使用强密码策略、多因素身份验证和访问控制列表，以确保只有授权的用户可以访问和操作系统中的数据。

（3）定期数据备份。定期备份所有关键数据，以便在发生数据丢失、损坏或突发性事件时能够快速恢复订单数据。

（4）优化操作系统。考虑到云仓系统的复杂程度，类似于订单管理模块和仓储控制模块的前端可操作系统在界面上应尽可能做到简洁，信息直观显示，便于员工操作，从而提高工作效率。

## 8.3　实现云平台资源共享

云仓建设为白酒企业变革发展提供数字化驱动，能够提升资源分配协调性，降低资源重叠浪费，有效面对市场的变化挑战。为了实现上述目标，需要制定以下保障措施：

（1）白酒企业平台销售数据共享。云平台数据与产品的现有销售数据共享，能够提高数据的丰富性，更清楚地了解消费者的真实需求，从而更好地对整个白酒行业的市场做出准确预测，推动产品生产的创新。

（2）云平台库存数据共享。将云平台的库存与各地自营店、经销商的库存互通，有效应对需求的不确定性，合理调配资源，打通不同销售渠道之间的壁垒，实现协同合作，促进白酒产品的库存管理，加快市场流通速度。

（3）云平台运输资源共享。云平台面向的需求多是零散且随机的，使用第三方物流运输，一方面成本过高，另一方面无法保障产品流通过程的安全性。共享现有运输资源，可以有效减少资源浪费，降低成本。

## 8.4　仓储物流技术支持

云仓的设计与运营离不开诸多先进的仓储物流技术支持。近年来，随着科技高速发展，移动互联网、大数据、云计算、物联网、区块链等新技术在仓储物流领域广泛应用，催生了网络货运、云仓、无接触配送等"互联网+"高效仓储物流新模式新业态。这些新技术为改善仓储物流运营成本、提高作业效率提供了有力工具，也为企业云仓数字化建设奠定了坚实的技术基础。因此，企业需要对新兴技术保持关注，以寻求其在云仓系统上应用的可能性。

云仓建设除了实体仓库网络与设备的支持外，"云特性"的实现还需要物联网、大数据、云计算等众多信息技术和数字化系统的支撑，信息技术不断更新迭代为云仓功能的完善和优化提供了基础。云仓数字化建设涉及众多数字化技术。白酒企业要分析云仓建设所需的技术，为数字化云仓建设提供技术支撑。

## 8.5　优化组织管理模式

实现智能云仓管理需要标准化的管理规则，不能任其随意发展。为防止仓储人员在执行优化方案中遇到阻碍与难题，保证智能仓储管理方案的顺利运行，应优化云仓组织管理模式并制定合理的保障方案。

（1）中心化管理。云仓通常需要一个中心化的管理结构，以便集中协调和监控所有仓库、运输和库存。中心化管理使得数据可以在一个位置集中处理和分析。这有助于提高对整个供应链的可见性，使决策更为基于数据和分析，而不是依赖于个别仓库或地点的独立数据处理。中心化管理模式有助于集中处理风险管理策略，包括保险、供应链中断应对和合规性，提高整个组织对潜在风险的准备和应对能力。通过中心化管理，企业也可以更轻松地监控各个仓库和物流中心的绩效。这有助于发现问题，改进流程。

（2）供应链合作伙伴管理。建立稳固的供应链合作伙伴关系，包括原料供应商、运输公司和第三方物流服务提供商，确保合作伙伴的可靠性和稳定的数据支持能力，定期对供应链合作伙伴进行评估，以确保他们的绩效达到期望水平。

## 8.6　人力资源保障

白酒生产是个传统的手工技艺，在生产过程中很大程度上依赖于人力资源。物流仓储行业作为劳动密集型工作，人员流动相对频繁，且仓储工作从业人员文化水平不高，较难接手工作，主要靠老员工带领熟悉业务，该方式的实际工作效率较低。随着物流业蓬勃发展，产业规模不断扩大，使得仓储行业对员工的需求量增大，并且高新技术的加入也要求员工掌握一定的智能设备操作能力，这导致熟练的仓储员工供不应求。因此，为了满足白酒企业在向智能化、数字化的云仓模式转型过程中的人力资源需求，需要在人员保障方面做到以下三点：

（1）加强校企合作。找准学校与企业的合作共同点，建立企业与学校之间长期稳定的组织联系制度，制定针对国内院校物流专业毕业生的招聘方案，吸引物流专业人才。

（2）开发培训新员工。根据当前业务进行相应的培训需求分析，设计培训课程与内容，定期为员工进行培训，集中加强对云仓管理理论知识的学习，把员工岗位职责与行为准则等传达给每一位员工。对培训效果进行评估，筛选相应人才，为企业储备随时可用的后备人员，减少某些岗位员工流失带来的负面影响。

（3）实施工作环境模拟测试。为确保云仓系统正常运行，在系统运行前需要进行工作环境模拟。针对模拟中出现的问题，需要听取各方意见，及时总结并形成操作指南。

# 9 传统仓储物流转向云仓的风险分析

## 9.1 法律政策风险

### 9.1.1 合同风险

#### 9.1.1.1 合同纠纷和责任追究的风险

云仓建设项目分解步骤较多较杂，涉及项目的投资、合作关系和法律责任等，这个过程中可能包含合同条款风险、违约风险、解除风险、纠纷风险等：合同条款不明确或者存在漏洞，导致合同履行过程中出现争议，甚至引发法律纠纷。

合同履行中，双方的责任划分不清，或者责任不明确，导致双方无法有效地解决问题；双方因素或者第三方因素的干扰，导致合同无法按照约定履行，就会导致整个云仓系统的运作受到影响。如果任何一方在合同期内出现违约行为，就会对云仓系统运营产生很大的负面影响，从而导致运营效率下降，甚至导致资金损失。

#### 9.1.1.2 合同纠纷和责任追究的风险的对策

针对以上风险，在云仓建设前应充分调查、评估潜在的合同风险，制定详细的合同条款，需要在合同签订阶段就进行充分的讨论和协商，明确各方的责、权、利，确保合同的各项条款清晰明确，责任划分明确，避免合同执行过程中发生纠纷、出现漏洞和争议，并及时解决可能出现的争议。此外，还需要注意合同中的责任分担、违约金、争议解决等具体细节，避免风险发生。

同时，在合同履行过程中，需要及时沟通和解决问题，协商处理纠纷，避免因为无法解决问题而导致的责任争议和合同纠纷。如果合同涉及的法律法规不明确或者不符合要求，需要及时进行调整和完善，避免产生其他风险。

此外，还需要明确责任追究的方式和机制，避免责任不明确而导致的风险。

### 9.1.2 合规风险

#### 9.1.2.1 不同地区法规的风险

不同地区法规的风险主要指在白酒产品云仓网络的建设、运营、维护等过程中可能违反不同地区的法律法规、政策规定等，而对项目合法性和公司声誉造成影响的风险。这些规定可能涉及企业的生产、质量、安全、环保、税务、知识产权等方面。具体而言，不同地区的法规对于仓库建设和运营可能存在差异，不同地区可能会有不同的环保标准、建筑规范、消防安全标准等。如果没有充分了解不同地区的法规差异，可能会导致不符合法规的违规行为，从而面临责任追究和处罚的风险。

#### 9.1.2.2 不同地区法规的风险的对策

为了应对这些风险，建议在云仓建设之前，充分了解不同地区的法规差异，与相关部门或专业机构进行咨询和沟通，以确保在建设和运营过程中符合当地的法规和标准。其次，强化内部管理，制定完善的合规管理制度和流程，加强内部审计和外部监督，确保云仓建设和各项工作都按照制度和流程进行，从而避免违规行为的发生。再次，加强质量管理。质量问题往往是引发合规风险的重要原因之一。云仓建设及运营需要加强质量管理，确保产品和服务的质量符合相关标准和规定。最后，建立健全法律合规管理体系，加强内部员工的法律合规意识培训，保证运营活动的合规性。

### 9.1.3 行业标准风险

#### 9.1.3.1 白酒行业标准和规范的风险

在白酒产品云仓建设中，针对白酒行业标准和规范的风险主要体现在以下三个方面：

（1）产品标准不统一。不同地区、不同企业制定的产品标准不同，可能会导致产品的品质不稳定，甚至存在安全隐患。

（2）仓储标准不一致。不同企业对于白酒产品的仓储标准可能不同，例如存储温度、湿度、光照等条件，如果没有进行统一管理，可能会影响产品的品质和存储寿命。

（3）安全标准不一致。由于白酒是一种易燃易爆的液体，如果仓库、物流设施等安全标准不一致，可能会存在安全隐患。

### 9.1.3.2　白酒行业标准和规范的风险的对策

白酒企业需要对白酒行业的标准和规范进行全面了解，并严格按照相关标准进行管理。同时，建立标准化的管理体系，加强对产品、仓储和物流等方面的监管，确保产品质量和安全性。

## 9.1.4　纠纷和诉讼风险

### 9.1.4.1　与利益相关方发生纠纷和诉讼的风险

在白酒产品云仓建设中，与利益相关方（如供应商、经销商、客户、员工等）发生纠纷和诉讼的风险是存在的。这些纠纷和诉讼可能涉及货物质量、合同履行、知识产权、劳动纠纷等方面。例如，白酒产品的质量问题可能会导致客户的投诉和索赔；云仓存储的白酒产品涉及商标、专利等，可能会导致知识产权纠纷。

### 9.1.4.2　与利益相关方发生纠纷和诉讼的风险的对策

针对上述风险，白酒企业可以通过建立完善的管理体系，进行风险评估和管理，签订明确的合同和协议，建立安全控制和监测机制，采取合适的保险措施等一系列措施来降低风险。同时，白酒企业还应该建立健全纠纷处理机制，包括与利益相关方的沟通、调解机制等，具体如下：

（1）建立完善的合同管理体系，明确各方的权利和义务，并保证合同的严格执行，尽量避免出现合同纠纷。

（2）加强对供应商的质量监管，确保采购的产品或服务符合要求，并建立供应商合格评估机制，及时淘汰不合格供应商。

（3）加强员工培训，让员工了解公司的经营理念和法律法规，增强其法律意识和责任意识。

（4）建立完善的知识产权管理体系，保护自己的知识产权，避免侵权纠纷。

（5）加强与客户的沟通和合作，建立长期稳定的合作关系，尽量避免因为利益分配等问题引发的纠纷和诉讼。同时，也要从纠纷和诉讼中吸取经验教训，完善管理体系，防止类似问题的再次发生。

## 9.1.5 地方政策风险

云仓建设的地方政策风险主要存在于各地区对进城大货车的管理限制。截至2022年年底，各地区对于大货车进城的管理政策如表9-1所示。

表9-1 各地区对大货车进城的管理政策

| 序号 | 地区 | 政策 |
|---|---|---|
| 1 | 北京 | 每日6时至24时，六环路（含）以内道路禁止所有载货汽车通行；每日0时至6时，进入六环路（含）以内道路行驶的载货汽车（整车运送鲜活农产品的载货汽车除外），须办理进京通行证件，全天禁止国Ⅲ排放标准柴油载货汽车进入六环路（含）以内道路通行 |
| 2 | 天津 | 每日7时至19时，禁止所有货运机动车（新能源车除外）在外环线上行驶；每日7时至22时，禁止所有货运机动车（新能源车除外）在外环线（不含外环线）以内道路行驶 |
| 3 | 上海 | 核定载质量8吨（含）以上禁止在中心城区行驶，限制时间为早6点至晚10点 |
| 4 | 重庆 | 限制A类车和B类车在主城区、渝北区、江北区、南岸区、沙坪坝区等中心城区通行，限制时间为早7点至晚9点 |
| 5 | 河北 | A类车和B类车禁止进入石家庄市、唐山市、邯郸市、保定市、廊坊市、沧州市市区；其他城市需在限行时间内进出，限行时间为工作日早7点至晚9点 |
| 6 | 山西 | 大货车禁止进入太原市、大同市市区；其他城市需在限行时间内进出，限行时间为工作日早7点至晚8点 |
| 7 | 山东 | 济南市、青岛市、烟台市等城市禁止A类车和B类车在市区行驶，限制时间为早7点至晚8点 |
| 8 | 辽宁 | 沈阳市、大连市中心城区禁止A类车和B类车行驶；其他城市需在限行时间内进出，限行时间为工作日早7点至晚8点 |
| 9 | 吉林 | 大货车禁止进入长春市市区；其他城市需在限行时间内进出，限行时间为工作日早7点至晚8点 |
| 10 | 黑龙江 | 大货车禁止进入哈尔滨市市区；其他城市需在限行时间内进出，限行时间为工作日早7点至晚8点 |
| 11 | 广东 | 全省范围内禁止A类车和B类车（指总重量4.5吨及以上或车长6米及以上的货车）在城市特定道路上行驶 |

表9-1(续)

| 序号 | 地区 | 政策 |
|------|------|------|
| 12 | 江苏 | 南京市中心城区内禁止A类车和B类车行驶，限制时间为早7点至晚8点。无锡市、常州市、苏州市、南通市、扬州市等城市也有类似的规定 |
| 13 | 浙江 | 杭州市限制A类车和B类车在市区行驶，限行时间为早7点至晚7点。宁波市、温州市等城市也有类似的规定 |
| 14 | 安徽 | 大货车禁止进入合肥市、芜湖市市区；其他城市需在限行时间内进出，限行时间为工作日早7点至晚8点 |
| 15 | 福建 | 大货车禁止进入福州市、厦门市市区；其他城市需在限行时间内进出，限行时间为工作日早7点 |
| 16 | 湖南 | 长沙市中心城区禁止A类车和B类车行驶，限制时间为早7点至晚9点。其他城市也有类似的规定 |
| 17 | 四川 | 成都市限制A类车和B类车在二环路以内的市区行驶，限行时间为早7点至晚9点 |
| 18 | 河南 | 郑州市中心城区内禁止A类车和B类车行驶，限制时间为早7点至晚9点 |
| 19 | 湖北 | 武汉市中心城区内禁止A类车和B类车行驶，限制时间为早7点至晚9点 |
| 20 | 陕西 | 西安市中心城区禁止A类车和B类车行驶，限制时间为早7点至晚9点 |
| 21 | 海南 | 中型（不含）以上货车，早7点至晚9点限行区域内限制通行，海口市滨江路、国兴大道、海秀快速路、长天路全路段24小时禁止通行 |
| 22 | 江西 | 南昌市全天候禁止货运机动车在以下道路通行：西一环、枫生快速路、南一环、东一环、洪腾高架，早7点至晚9点禁止货运机动车在限制区域内通行 |
| 23 | 贵州 | 贵阳市规定每日0时至7时，重、中型载货汽车准许通行一环及一环以内除人民大道、中华路以外的其他道路 |
| 24 | 云南 | 昆明市规定核定载质量1 000千克（含）以上的载货汽车以及牵引车全天不得在二环路（含）以内区域道路行驶。早7点至晚10点不得在限行区域内行驶 |
| 25 | 青海 | 西宁市规定核定载质量5吨（含5吨）以上的燃油货车，早7点至晚9点在限行区域范围内禁止通行 |
| 26 | 甘肃 | 兰州市规定核载八吨（含）以上或三轴（含）以上大型货运机动车在部分区域全天禁行，每日0点至早7点可在部分区域通行 |

表9-1(续)

| 序号 | 地区 | 政策 |
|------|------|------|
| 27 | 广西 | 南宁规定每日上午6时至晚上23时,各类货车禁止各类货车在绕城环道以内道路行驶 |
| 28 | 宁夏 | 银川市规定核心管控区每天23:30至次日早晨5:30允许货车,其余时间禁止通行 |
| 29 | 内蒙古 | 大货车禁止进入呼和浩特市、包头市市区;其他城市需在限行时间内进出,限行时间为工作日早7点至晚8点 |
| 30 | 新疆 | 乌鲁木齐规定三轴(含)以上重型载货汽车限行措施调整为白天8:00-24:00在限行区域内禁止通行,夜间00:00-8:00允许通行 |
| 31 | 西藏 | 西藏限行的城市有林芝、那曲、日喀则,限行车辆早上8时至夜间20时禁止在限行区域通行,拉萨没有实施限行制度 |

基于以上各地的限行政策,云仓选址可采取措施如下:

(1)仓库选址地尽量避开限行区域及繁忙路段。

(2)在运输计划和路线规划中,充分考虑限行政策,提前做好调整和备选方案。

(3)及时了解限行政策的变化和调整,及时调整运输方案。

(4)寻找合法的代替运输方式,例如铁路、水路等,以减少货车在限行区域内的运输量;探索使用新能源车辆,以减少对环境的影响,同时也有可能获得政府的支持和优惠政策。

## 9.2 经济风险

### 9.2.1 资金不足风险

云仓建设需要大量的资金投入,建设成本高,且可能会因为一些不可控因素导致成本的增加,特别是在硬件设备、IT系统和物流配送方面,资金需求量非常大。预算超支、资金不足,可能会影响云仓的建设和运营,甚至可能导致建设的失败。

因此,白酒企业需要采取以下防范措施来避免资金不足的风险:

(1)资金预算和规划。在建设云仓之前,制订详细且充分的资金预算和规划，包括明确各项投资的金额和时间节点、所有的成本细节和不同阶段的支出。在项目执行过程中持续跟踪预算的执行情况，及时调整预算计划，以确保项目始终在预算范围内运行。

（2）寻求合作伙伴和投资者。可以考虑与合作伙伴和投资者合作，共同分担云仓建设和运营的资金压力，需要注意的是，虽然通过融资可以转移风险，但也需要认真评估合作方的信用状况和能力，避免因为合作方的问题而导致更大的风险。同时，也需要合理规划资金使用，避免过度融资导致财务负担加重。

（3）优化资金使用效率。在云仓建设过程中，合理规划项目进度，尽可能缩短项目周期，减少资金占用时间，优化资金使用效率，避免浪费和不必要的支出，确保资金的有效使用。

（4）风险管理和控制。需要建立完善的风险管理和控制机制，及时发现并解决资金短缺等风险问题，避免风险的进一步扩大。同时可以建立风险储备，应对预算超支风险。在项目启动之前，可以制订风险管理计划，预留一定比例的资金作为风险储备金，以应对不可预见的情况。如果项目进展顺利，这些资金可以被释放回预算中，否则可以用于应对预算超支的情况。

（5）寻求政策和金融支持。可以寻求政策和金融支持，如政府补贴、优惠贷款等，以降低云仓建设和运营的成本，提高资金使用效率。

### 9.2.2　投资回报风险

云仓建设是一项高成本的投资，其投资回报风险主要包括市场需求不足、竞争加剧、运营成本高等方面。白酒企业需要在决策之前进行充分的投资回报分析，以确保项目的可行性和盈利性。在云仓建设之后，白酒企业需要实时监控和评估云仓的运营情况，及时调整运营策略和优化成本结构，以确保云仓的盈利能力，从而增加投资回报率。

同时，可以探索多种盈利模式，如租赁云仓空间、收取仓储费用、物流服务费等，以提高云仓的盈利能力。此外，可以考虑与其他酒类品牌合作，共享云仓资源，降低成本，提高盈利能力。最重要的是，需要在建设和运营过程中不断学习和总结经验，以提高云仓的效率和盈利能力。

### 9.2.3　成本控制风险

在云仓建设及运营过程中涉及的成本包括基础建设成本、设备维护成本、人力成本、物流成本、财务成本等，若控制不好成本，可能会导致运营成本较高，影响公司整体财务状况。

为应对上述风险，白酒企业可采取以下防范措施：

（1）在建设云仓的过程中，应充分考虑到实际业务需求，避免建设过大或过小的云仓，以减少无谓的浪费和额外的运营成本。

（2）不断完善财务管理体系，规范资金的使用和流转，避免资金流失和浪费，同时制订详细的成本控制方案，包括制定详细的项目预算、对每一项支出进行严格控制、合理规划资金投入、控制经营成本、确保云仓运营的经济效益。

（3）引入智能化、自动化的设备和系统，提高运营效率和精准度，降低人力成本。

（4）通过信息化手段，对云仓运营进行数字化、精细化管理，例如通过物联网技术和大数据分析等方式，优化库存管理、订单处理等环节，降低管理成本。

（5）通过优化供应链管理、协调供应链各方资源，合理规划物流路线，优化物流配送模式，降低物流、仓储等环节的成本。


## 9.3　技术风险

### 9.3.1　信息系统安全风险

由于在云仓建设和运营过程中需要进行大量的数据传输和存储，因此信息系统安全风险成为云仓建设运营中最为重要的技术风险之一。数据泄露和盗窃、系统漏洞、硬件故障、网络攻击和社交工程攻击（伪装成上级领导、发送钓鱼邮件等）等问题都可能对云仓的建设和运营造成严重影响。

为降低信息系统安全风险，白酒企业应该选择安全性高、信誉好的云计算服务提供商，以确保云仓的数据安全性；同时加强网络安全管理，建立健全权限管理机制，数据备份机制、网络安全事件响应机制等安全管理机制，以确保云仓数据的完整性和安全性；使用安全加密技术来加密数据，完善物理安全措施，确保数据在传输和存储过程中不被篡改或窃取；建立完善的数据备份机制，定期备份云仓中的数据，以避免数据丢失的风险；限制员工访问权限，建立安全审计机制，加强员工的安全意识培训，提高他们对数据安全问题的认识和防范能力，减少人为因素对云仓数据安全性的影响。

### 9.3.2　系统兼容性风险

云仓建设需要使用各种软件、硬件设备和通信协议等技术，因此系统兼容性问题可能会导致不同系统之间无法有效地通信和协作，可能导致信息传输中断、数据丢失、系统崩溃等问题，从而影响云仓的正常运营。为了避免这种风险，白酒企业需要采取以下防范对策：

（1）确定系统兼容性要求。在进行系统集成前，需要明确各系统的版本、接口标准等信息，并根据实际需求制定系统兼容性要求。

（2）选择可靠的系统集成商。选择具有丰富经验和专业技能的系统集成商，确保其能够高效地完成系统集成工作，从而避免兼容性问题。

（3）进行充分的测试。在系统集成完成后，需要进行充分的测试，确保各系统之间的兼容性，并及时解决发现的问题。

（4）定期维护和更新。需要定期对系统进行维护和更新，确保系统的稳定性和兼容性，并及时修复可能出现的兼容性问题。

（5）加强数据备份。对于关键数据需要进行备份，以防止因系统兼容性问题导致数据丢失的情况发生。

### 9.3.3　基础设施故障风险

云仓建设需要大量的服务器、网络设备和存储设备等基础设施支持，而这些设备可能会遇到电力故障、网络故障和硬件故障等问题，这些故障将直接影响到云仓的稳定性和可靠性，从而对物流和供应链的正常运作造成影响，导致生产停滞、交货延误等问题，进而影响客户满意度和企业形象。针对这类风险，白酒企业可采取以下措施：

（1）定期维护设备。定期对云仓设备进行维护和检修，包括定期更换设备、备件，确保设备的稳定性和可靠性。

（2）建立备用设备。建立备用设备，以备发生设备故障时能够及时更换，保障云仓运作的连续性。

（3）建立完备的备份系统。建立完备的数据备份和恢复系统，确保数据的完整性和安全性，在系统故障或自然灾害等情况下能够及时恢复数据。

（4）建立应急预案。制定应急预案，包括紧急处理措施、人员分工、通讯方式等，以备发生故障时能够及时应对和解决问题。

（5）建立监控系统。建立监控系统，对云仓设备和网络进行实时监测和预警，及时处理和解决问题。

### 9.3.4　数据质量风险

由于云仓涉及大量的数据传输和存储，因此数据质量问题可能会影响云仓运营的准确性和可靠性。如果数据采集、处理和存储过程中存在问题，就可能导致数据质量下降，从而影响云仓的正常运营，因此白酒企业需要采取一系列的防范措施来确保数据质量。

（1）数据完整性风险。指数据缺失或不完整，可能会导致无法做出准确的决策。可以通过设置必填项、数据验证、数据去重等方式来保证数据的完整性。

（2）数据准确性风险。指数据错误或不准确，可能会导致错误的决策。可以通过数据验证、数据清洗、数据规范化等方式来保证数据的准确性。

（3）数据安全性风险。指数据被未经授权的人员访问或使用，可能会导致数据泄露或损坏。可以通过访问控制、加密、备份等方式来保证数据的安全性。

（4）数据一致性风险。指数据在不同系统或数据源中不一致，可能会导致决策出现偏差。可以通过数据同步、数据集成等方式来保证数据的一致性。

（5）数据时效性风险。指数据过时或过期，可能会导致决策不准确。可以通过定时更新、自动化采集等方式来保证数据的时效性。

## 9.4　管理风险

### 9.4.1　产品管理风险

白酒产品属于易燃易爆品，需要在储存、运输和配送等环节采取专业的安全措施，否则可能会导致火灾、爆炸等安全事故，对人员和财产造成严重损失。针对这种风险，白酒企业可以制定一系列标准作业程序（SOP）

指标，以确保仓库内的物品得到妥善保管，并确保员工遵循特定的安全程序。例如，集团公司可以制定接收、储存、拣货、发货和退货等标准操作程序，以确保在每个步骤中的操作流程一致性，并减少人为错误的风险。此外，集团公司可以在 SOP 中考虑特定的客户需求，以确保仓库服务可以为客户提供个性化的仓配服务。制定严格的 SOP 指标，可以提高仓库的工作效率和准确性，并降低错误和意外事件的发生率。

### 9.4.2　人员管理风险

人员管理是云仓建设和运营过程中重要的一环，包括招聘、培训、绩效评估等。

（1）人员招聘风险。云仓运营涉及多个岗位和职能，需要招聘具有不同背景和能力的人员。为了避免招聘不合适的人员导致业务运营风险，白酒企业需要在招聘过程中制定合适的招聘流程和标准，包括职位描述、面试流程、背景调查等，从而确保招聘到合适的人员。

（2）人员培训风险。云仓管理要求员工具备专业技能和经验，如果人员的培训不足，可能会影响业务运营质量。为了避免此类风险，白酒企业需要制订合适的培训计划和培训内容，让员工能够适应工作内容和工作流程，提高工作效率。

（3）人员流失风险。云仓运营需要一定数量和质量的人员，如果人员流失率过高，会导致业务运营风险和成本上升。为了避免人员流失风险，需要制定合适的薪酬政策、晋升机制、福利政策等，增强员工的归属感和福利感，从而减少员工流失。

（4）人员管理失误风险。云仓管理需要对人员进行管理，如果管理不当，可能会影响业务运营和员工满意度。为了避免这种风险，白酒企业需要制定合适的人员管理政策和流程，包括绩效考核、薪酬管理、岗位晋升等，确保人员管理合理和公正。

### 9.4.3　沟通协调风险

云仓建设涉及多方合作，沟通协调对项目的顺利开展至关重要，涉及供应商、客户、合作伙伴、员工等多个方面。如果沟通协调不畅或出现问题，可能会导致各方之间的误解、合作失败、项目延误等问题，增加运营风险。

（1）内部沟通协调风险。不同的人员、部门、团队之间的沟通协调不足，会导致信息传递不畅、任务分配不明确、责任认定不清等问题。

因此，白酒企业需要建立明确的沟通渠道和沟通规范，制定明确的任务分配和责任制，确保信息传递及时、准确、完整，避免出现误解和不必要的麻烦。

（2）外部沟通协调风险。在涉及多个合作伙伴的项目中，合作伙伴间的利益分歧和沟通不畅，会导致项目进度缓慢、质量不佳等问题。因此，白酒企业需建立合作伙伴间的良好合作关系，加强沟通和协调，制订明确的项目计划和合作方案，及时发现和解决问题，确保项目进度和质量的稳定。

（3）上下沟通协调风险。管理层与员工之间的沟通不畅或管理方式不合理，会导致员工士气低落、员工流失、项目延误等问题。

因此，白酒企业需要建立开放、透明、有效的沟通渠道，注重员工的职业发展和个人关注，制定合理的薪酬和激励机制，提高员工沟通和协调能力，提高员工工作积极性，确保项目稳定运营。

### 9.4.4　资源分配风险

云仓建设需要投入大量的人力、物力和财力，若不合理分配资源，可能会导致成本超支、进度滞后等问题。

（1）人力资源分配不合理。云仓的建设和运营需要大量的专业技能和知识，如果人力资源分配不合理，可能导致某些关键职位空缺，影响云仓的正常运作。因此，白酒企业需要建立科学的人力资源管理制度，根据业务发展需要和人员素质要求，科学合理地安排人力资源，确保云仓的人员配置和工作效率达到最佳状态。

（2）物资资源分配不合理。云仓建设和运营需要大量的物资资源，如服务器、存储设备、网络设备、电力等。若物资资源分配不合理，可能导致云仓的性能和稳定性受到影响。

因此，在云仓建设之前，白酒企业需要进行充分的规划和评估，确保物资资源的合理配置和优化，避免浪费和不必要的投资；对于重要的物资资源，要做好备份和冗余，以保证云仓的稳定性和安全性。

（3）财务资源分配不合理。云仓建设和运营需要大量的财务投入，如果财务资源分配不合理，可能导致云仓运营成本过高或者亏损，影响企业的财务状况。

因此，白酒企业需要建立完善的财务管理制度，对云仓的财务投入和运营成本进行科学合理的规划和控制，确保云仓建设和运营的财务状况稳健可靠，同时避免财务风险的发生。

（4）信息资源分配不合理。云仓的建设和运营需要大量的信息资源，如数据中心、信息安全系统、数据备份等，如果信息资源分配不合理，可能导致数据安全和稳定性问题，影响云仓的运营效率和质量。

因此，在云仓建设之前，白酒企业需要进行充分的信息资源评估和规划，确保信息资源的合理配置和优化，避免安全和稳定性问题的发生；对于重要的信息资源，要做好备份和冗余，以保证数据的安全和可靠性。

### 9.4.5　经销商抵触风险

云仓建设完成后，实现全流程数据共通共享，终端客户数据及信息透明度增加，这时可能会出现经销商的抵触风险。经销商的抵触或退缩可能导致云仓利用度不高，渠道不畅，甚至中断产品的流通渠道，导致白酒企业品牌价值缩水，社会形象受损。

针对该风险，白酒企业可采取的防范对策如下：

（1）提高经销商参与度。加强与经销商的沟通和合作，让经销商参与到云仓建设、运营的决策和管理中来，以此提升他们的参与感和归属感。

（2）降低转型成本。提供培训和技术支持，降低经销商转型成本，让他们更容易接受和适应云仓模式。

（3）提高利益激励。增加经销商的利润和收益，让他们感受到云仓模式对他们的好处，从而更积极地参与和支持。

（4）保障经销商权益。建立稳定、公正、透明的合作机制，保障经销商的权益和利益，从而增强他们的信任感和认同感，避免经销商出现抵触情绪。

（5）建立有效监控体系。建立有效的监控体系，对经销商的市场行为进行跟踪和分析，及时发现问题并采取措施。

# 10  白酒产品云仓布局的经济与可持续性分析

## 10.1  白酒产品云仓的成本效益分析

### 10.1.1  云仓建设的成本构成分析

云仓建设成本的构成主要由以下四个方面：

（1）人工成本

人工成本包括建设云仓所需的运营人员以及维护人员，其薪资、福利、社保等方面的支出是不可避免的成本支出。相较于普通仓库，由于云仓使用先进的软硬件设备以及数字化技术，与传统仓库相比，云仓减少了许多人工岗前招聘、培训、管理的支出，因此云仓的人工成本会有很大程度的降低。

（2）租赁及装修成本

云仓建设的固定成本包括仓库的租赁费用、仓库的装修及维护费用、仓库租赁及装修成本是建设云仓必要的成本支出，如仓库内的各种用途的货架、叉车等，以及不同库房的装修和设计等。

（3）硬件设备及技术设备

由于云仓的技术特点，需要大量购入软硬件设备。智能识别设备、仓储管理系统、服务器等能够提高软硬件设备的工作效率。

（4）运营及维护成本

云仓的运营和维护成本也是需要考虑在内的。在维护成本方面，由于云仓拥有数字化技术的支撑，因此相较于普通仓库，数字化技术需要更高的维护成本。虽然云仓的建设需要大量的高价设备投入,但云仓的运营模式,能够实现对货物的实时监控和管理,满足更多不同客户的需求,提高服务质量,从而获得更大的经济效益。

### 10.1.2 云仓建设的收益分析

云仓建设是通过优化供应链管理,提高物流运作效率,减少物流成本等途径,来让商品的价格在不降低质量的前提下更具有竞争力。虽然这在一定程度上会影响商品成本和售价的制定策略,但并不会直接影响商品的单价。

顾客是否能接受商品单价的变化,通常是由多种因素决定的。例如,茅台白酒作为中国白酒的代表品牌之一,在中国文化中具有重要地位,其品质和口感备受推崇,因此茅台白酒常常供不应求。

由于白酒产品品牌知名度以及其供货的特点,白酒企业需要对产品价格管控严格。云仓模式作为一种可持续化的运营模式,使白酒企业可以直接将产品直销给顾客,实现生产商直接面向最终消费者销售,从而在一定程度上跳过传统的渠道环节,而无须通过第三方的渠道出售给顾客,可以实现更高效率的销售。

建设云仓后,销售产品的方式和渠道发生了变化,成本也会发生一定的变化。因此,顾客对于新的销售价格可能会有不同的接受程度。对于销售渠道和方式的变化,白酒企业能够通过云仓模式提供更加灵活、快捷的销售和配送方式,能够迎合顾客的需求和习惯,提高顾客购买的满意度,从而提高销售收入,获得更大的利润。

## 10.2 白酒产品云仓对供应链可持续性的影响

云仓技术对白酒供应链的可持续性影响是多方面的,包括环境、经济和社会三个维度。通过提升效率、优化资源使用和加强供应链的透明度,云仓技术能够帮助白酒行业朝着更加可持续的方向发展。

### 10.2.1 环境可持续性

云仓对白酒供应链环境的可持续性影响主要体现在提高能源效率、减少碳排放和降低资源浪费等方面。通过数字化和智能化的仓储管理，云仓技术能够帮助白酒企业实现更加绿色、环保的供应链操作。

云仓通过高度自动化的管理系统，优化仓库内部的运作流程，比如使用自动化设备进行货物搬运和分拣，减少人工操作的需要，从而降低能源消耗。此外，智能化的温湿度控制系统能够根据实际需要调节，避免过度使用能源，提高整体能源使用效率。

通过精细化的库存管理和物流规划，云仓能够有效减少不必要的运输次数和距离，从而减少整个供应链的碳足迹。具体而言，通过对市场需求的准确预测，云仓可以减少过剩库存和降低因紧急配送而产生的额外碳排放。同时，优化的配送路线减少了运输过程中的能源消耗和碳排放。

云仓技术能够实现对白酒生产和分销过程中各个环节的实时监控，从而精确控制生产与供应量，减少因过量生产或过期产品而导致的浪费。此外，通过有效的库存管理，云仓可以确保产品在最佳时间内被送达消费者，减少因储存时间过长导致的品质下降和资源浪费。

云仓可以通过提高供应链的透明度和追溯性，支持更多循环经济的实践。云仓可以通过对产品生命周期的精确追踪，支持产品的回收、重用和再加工，减少对新资源的需求和废弃物的产生。

云仓还可以通过优化包装设计和选择更环保的运输方式来进一步降低环境影响。例如，采用可回收或生物降解材料作为包装材料，选择低碳或无碳排放的运输方式等。云仓通过优化库存管理和物流配送路线，减少不必要的运输和存储，从而减少碳足迹。

### 10.2.2　经济可持续性

云仓技术对白酒供应链的经济可持续性产生了深远的影响，这些影响不仅体现在直接的成本节省上，还包括对企业整体经济效益和市场竞争力的提升。云仓通过高效的库存管理系统，能够实时监控库存水平，减少库存积压和过度库存的情况，从而降低库存成本。云仓的运用可以优化物流配送路线，减少不必要的运输和配送次数，降低运输成本。自动化和智能化的仓库管理系统减少了人工错误，提高了处理订单的速度和准确性，进一步降低了运营成本、提高了运营效率。

利用大数据分析，云仓能够更准确地预测市场需求，帮助企业及时调整生产和库存策略，以适应市场变化。云仓技术提高了供应链的适应性和灵活性，使企业能够快速响应市场变化，抓住市场机会，从而增强市场响应能力。

通过优化库存和提高运营效率，云仓有助于改善企业的现金流状况，减少资金占用。虽然云仓的初期投资可能较高，但长期来看，通过降低运营成本和提升市场竞争力，企业可以实现更高的投资回报率。

云仓技术能够加快订单处理速度，提高交货效率和准确性，从而提升客户满意度和忠诚度。云仓提供的高度可扩展和灵活的仓储解决方案，使企业能够根据市场需求和业务增长，轻松提升仓储和物流能力。

云仓技术的应用支持了订阅服务、按需生产等新的业务模式，为白酒企业开辟了新的收入渠道和市场机会。云仓作为供应链数字化的重要组成部分，推动了白酒产业的整体数字化转型和升级，提高了产业的整体竞争力和可持续发展能力。

综上所述，云仓技术通过提升运营效率、降低成本、增强市场竞争力并促进业务创新，对白酒产业供应链的经济可持续性产生了积极的影响。

### 10.2.3 社会可持续性

通过实现更加高效和智能化的供应链管理，云仓不仅能够帮助企业实现经济目标，还能够促进社会的可持续发展。

云仓的自动化虽然减少了一些传统岗位，但也创造了需要专业技能的新职位，如系统运维、数据分析和网络安全等。为了适配云仓技术，企业往往会投资于员工的培训和发展，提升员工对新技术的适应能力和操作技能，从而提高整体劳动力的技能水平，总体上促进就业和员工技能的发展。

自动化和智能化减少了工人需要进行的重体力劳动和重复性劳动，从而降低了工伤风险，改善了工作条件。数字化管理使得某些工作岗位可以实现远程工作，为员工提供更灵活的工作时间和环境。

云仓的建设和运营需要地方的人力资源和服务，可以促进当地经济发展并增加税收。白酒企业通过云仓技术优化供应链、提升经济效益后，可以有更多资源投入到社区服务和公益事业中，比如教育、环境保护和公共卫生等。

云仓管理系统能够实现对产品从生产到销售的全过程追踪，有助于增强消费者对白酒产品的信任。云仓技术能够提高物流效率和准确性，减少订单错误和延迟，提升消费者满意度。

云仓可以实现更广泛的地域覆盖，使偏远地区的消费者也能享受到与大城市相同的购物体验和服务质量。云仓提供的物流和仓储服务也可供小型白酒生产商使用，帮助它们扩大市场，提高竞争力。

综上所述，云仓技术对白酒供应链的社会可持续性产生了积极影响，通过促进经济发展、改善劳动条件、加强社区服务和提升消费者体验，云仓技术有助于构建更加公平、包容和可持续的社会环境。

云仓技术的引入对白酒供应链的可持续性具有积极影响。它不仅能够帮助企业在经济上实现更有效的资源配置和成本控制，而且在环境和社会层面促进了白酒行业的可持续发展。然而，为了最大化这些可持续性效益，企业需要全面考虑云仓技术的实施策略，包括技术投资、员工培训、环境保护措施以及与供应链伙伴的合作等多个方面。

## 10.3 社会与环境因素的综合考量

云仓技术对社会和环境因素的综合考量，深刻体现在其促进可持续发展的能力上。这既包括对经济增长和社会福祉的积极贡献，也涵盖了对环境保护的重视。通过优化供应链管理、提高效率、减少浪费以及促进资源的有效利用，云仓技术能够支持白酒产业向绿色发展模式转型。

在综合社会与环境因素时，云仓技术呈现出促进可持续发展的巨大潜力。通过减少资源浪费、降低环境影响、提高社会福祉和经济效益，云仓技术成为推动白酒产业及更广泛供应链领域可持续发展的重要工具。然而，实现这些潜力需要企业、政府和社会各方面的共同努力，比如制定合适的政策和标准、注重人才培训，以及增强公众对可持续发展重要性的认识。此外，考虑到技术实施的初始成本和可能的社会调整成本，制定适当的支持措施和缓解策略也是必要的。

## 10.4 白酒产品云仓未来发展趋势与建议

白酒产品云仓的未来发展趋势将深受技术革新、消费者需求变化、可持续发展目标以及全球化市场的影响。针对这些趋势，白酒企业需要制定前瞻性的策略以保持竞争优势和业务的持续增长。

（1）未来发展趋势

云计算、物联网（IoT）、人工智能（AI）和区块链等技术的进一步发展和集成将推动云仓智能化水平的提升，实现更高效、更透明的供应链管理。消费者对于白酒产品的个性化需求和即时满足的期望将继续增长，这要求云仓系统能够更灵活地应对市场变化，实现快速配送。同时，环境保护和可持续发展的重要性日益凸显，云仓将更加注重绿色物流、节能减排和循环经济的实践。随着白酒市场的全球化扩展，云仓需要在全球范围内优化资源配置，同时考虑到地方市场的特定需求和法规要求。

（2）策略建议

持续投入于云仓相关的先进技术，探索 AI、大数据分析、区块链等技术在库存管理、物流优化和供应链透明度提升方面的应用。利用数据分析深入了解消费者需求，提供更加个性化的服务和产品。同时，优化物流网络，缩短配送时间，提升客户满意度。采用环保材料，优化包装设计，并引入能源管理系统和高效的物流路线，以减少整个供应链的碳足迹。在全球范围内布局云仓网络，根据地方市场的具体需求和法规环境，采取相应的本地化策略。通过多元化供应商策略、建立备用仓储和物流能力，以及实施灵活的库存管理策略，提高供应链的弹性，减少潜在的风险。与供应链上下游企业建立紧密的合作关系，共享数据和资源，提高整个供应链的效率和效益。在全球化经营中，遵守当地的法律法规和国际贸易规则，注重保护消费者数据隐私和安全。

# 11 面临的挑战和未来发展方向

## 11.1 白酒产品云仓技术的未来发展趋势

白酒产品云仓技术结合了物联网（IoT）、大数据、云计算等现代信息技术，旨在提升白酒行业的存储、物流、销售和管理效率。随着技术的进步和消费市场的不断扩大，白酒产品云仓技术的未来发展趋势可能会体现在以下六个方面：

（1）通过进一步整合人工智能和机器学习技术，白酒产品云仓系统将能更加精准地预测市场需求、优化库存管理和物流调度。智能算法可以实时分析消费者行为，动态调整白酒的存储和配送策略，实现更高效的供应链管理。

（2）利用物联网技术，每一瓶白酒都可以实现"一物一码"，通过RFID标签或二维码等技术手段进行追踪。这不仅有助于提高库存管理的精确度，还可以加强产品的防伪和溯源能力，增强消费者信心。

（3）随着全球对环保和可持续发展的重视，白酒产品云仓技术也将朝着更加绿色环保的方向发展。这包括采用节能减排的仓储和物流技术，优化包装材料以减少废弃物，以及采用太阳能等可再生能源驱动的仓储系统。

（4）通过云仓技术与在线销售平台的深度整合，消费者可以享受到更加便捷、个性化的购买体验。例如，消费者可以实时了解产品的来源、存储条件和物流信息，甚至参与到白酒的定制和预约试饮等活动中。

（5）白酒产品云仓技术可能会与更多行业进行跨界融合，比如与旅游、文化、健康等领域结合，开发出新的业务模式和产品。例如，通过分析大数据，推出符合特定人群口味偏好的白酒，或是与旅游景点合作，推出具有地域文化特色的白酒系列产品。

（6）随着中国白酒在国际市场上的影响力逐渐增强，未来白酒产品云仓技术也将支持更多的国际化布局和跨国运营，通过高效的全球物流网络，将中国白酒文化推广至世界各地。

总之，白酒产品云仓技术的未来发展将是多方面的，不仅仅局限于提升物流效率，还包括通过技术创新提升产品价值、优化消费体验，并积极响应全球可持续发展的趋势。

## 11.2　白酒产品云仓发展中的挑战与机遇

白酒企业在建设云仓过程中所面临的新挑战与机遇是相辅相成的。随着技术的发展和市场需求的变化，企业需要不断调整策略以适应新环境。

### 11.2.1　挑战

（1）建设高效的云仓系统需要投入大量的资金，包括先进的物流设备、信息技术系统的建设和维护，以及人员培训等，对于中小型白酒企业来说，这可能是一个较大的财务负担。

（2）云仓技术和相关的物联网、大数据技术更新迅速，企业需要持续投入资源进行技术升级和人员培训，否则很容易被市场淘汰。

（3）云仓涉及大量的数据收集、处理和存储，如何确保数据安全和用户隐私成为一个重要挑战。任何数据的泄露都可能导致重大的财务损失和品牌声誉的损害。

（4）云仓的实施增加了供应链的复杂性，如何有效管理和优化跨区域、跨国界的供应链，确保物流效率和成本控制，是一个重大挑战。

### 11.2.2　机遇

（1）通过云仓技术，白酒企业可以实现库存的实时监控和管理，优化仓储布局和物流路径，大幅提升整体运营效率。

（2）云仓技术可以帮助企业实时了解市场需求，快速响应市场变化，更加灵活地调整生产和供应计划，提升客户满意度。

（3）利用云仓系统，白酒企业可以更加便捷地进行跨区域、跨国界的销售，扩大产品的市场覆盖范围，吸引更多的消费者。

（4）通过云仓技术，企业可以提供更加个性化和高效的服务，如快速配送、实时库存查询、产品追溯等，增强消费者的购买体验。

（5）云仓技术的应用有助于优化仓储和物流路径，减少资源浪费和碳排放，有助于企业实现绿色可持续发展。

综上所述，虽然建设云仓会面临一系列挑战，但同时也为白酒企业带来了前所未有的机遇。企业需要不断创新，加强技术投入和人才培养，以应对挑战并充分利用这些机遇。

## 11.3 政策与法规环境的影响

政策与法规环境对白酒产品云仓的建设与运营有着深远的影响。合理的政策支持和法规框架可以促进行业健康发展，而不当的政策可能会制约其发展。

### 11.3.1 促进作用

政府通过出台鼓励政策，可以显著降低企业在云仓技术研发和基础设施建设上的成本压力，激励更多企业投入到云仓技术的创新与应用中。

通过建立和完善相关的行业标准和规范，政府可以引导和规范白酒产品云仓的建设与运营，保障系统的安全性、可靠性和操作性，促进整个行业的健康有序发展。

政府出台的跨境电商等贸易便利化政策，可以为白酒产品云仓企业开拓国际市场提供便利，降低贸易壁垒，增加白酒的出口机会。

### 11.3.2 制约作用

酒类产品作为特殊商品，其生产、存储、销售和运输等方面受到严格的法规约束。如果相关法规较为严格或频繁变动，可能会增加企业的合规成本，影响云仓项目的推进速度和效率。

随着数据保护意识的增强，各国政府对数据安全和隐私保护的要求越来越高。对于依赖大数据分析的白酒产品云仓系统而言，如何遵守相关法规、保护消费者数据安全成为一项挑战。

不同地区在酒类产品的监管政策、税收政策等方面可能存在差异，这对于跨区域经营的白酒产品云仓企业来说，需要投入更多资源去适应和遵守不同地区的政策要求。

对于白酒产品云仓而言，政策与法规既是一个重要的支持力量，也可能成为发展的障碍。因此，企业在规划和运营云仓项目时，需要密切关注政策法规的变化，及时调整策略，确保项目的顺利进行。同时，企业也可以通过行业协会等渠道，参与到政策制定过程中，为政府提供行业发展的建议和反馈，推动形成更加有利于行业发展的政策环境。

## 11.4　未来研究方向与建议

白酒产品云仓作为结合了现代物流、信息技术与白酒产业特性的新型业务模式，在提高供应链效率、降低运营成本、优化消费者体验等方面展现出巨大潜力。

以下针对其未来的研究方向与建议进行探讨：

### 11.4.1　研究方向

（1）深入研究如何将更高级的人工智能、机器学习算法及自动化设备应用于云仓系统中，实现库存管理、物流调度等环节的智能化，从而提高运营效率。

（2）利用大数据技术对消费者行为、市场趋势进行深入分析，构建精准的需求预测模型，以帮助企业实现更加灵活的库存管理和市场响应策略。

（3）研究如何通过云仓技术加强供应链上下游之间的信息共享与协同工作，实现整个供应链系统的优化，从而降低成本，提升效率。

（4）探索应用环保材料、节能技术在云仓建设与运营中的实践，并研究如何通过优化物流路径、提高装载率等方式来减少能耗和碳排放。

（5）针对白酒产品的国际市场拓展，研究云仓技术在跨境电商物流中的应用，解决跨国运输、关税、海关清关等问题，从而提升跨境交易的效率。

### 11.4.2 建议

（1）企业应增加对智能化、自动化技术的研发投入，探索更多创新技术在云仓管理中的应用，保持行业竞争力。

（2）与 IT、物流、环保等领域的企业建立合作关系，通过共享资源，共同开发适合白酒产品云仓的新技术、新设备。

（3）在大力发展数据分析和预测的同时，加强数据安全管理，确保消费者信息的安全与隐私得到保护。

（4）加强对云仓管理、智能化技术、数据分析等方面人才的培训力度，提高团队的专业能力和创新能力。

（5）密切关注国内外有关云仓、电子商务、跨境贸易等方面的政策法规变化，及时调整企业战略，确保业务的合规性。

通过上述研究方向的深入探索和实施建议的落实，白酒产品云仓的发展将迈向更加智能化、高效率、绿色环保的新阶段，更好地满足市场需求，推动白酒产业的持续健康发展。

# 12  研究总结

　　本书充分结合"智慧物流"发展战略与现代数字云仓发展趋势，从打造白酒产品数字化供应链的视角出发，深度研究白酒产品云仓布局与优化的相关问题。通过理论知识梳理、白酒产品仓储物流现状调研、现有市场云仓布局及运营模式对比分析，本书的研究总结如下：

　　（1）云仓理念及模式发展趋势明显，与白酒供应链数字化转型相契合。云仓是数字化时代的产物，是实现数字化供应链建设的关键环节。白酒供应链正处于数字化转型的关键时期，"智慧物流"建设也初见成效，云仓的建设能有效促进白酒供应链建成高效、快捷、优质的全国领先酒类供应链，推进"智慧物流"建设进程，实现核心业务全覆盖、横向纵向全贯通的全方位数字化应用体系，助力白酒企业完成数字化布局。

　　（2）当前白酒产品仓储物流瓶颈明显，亟待新的模式突破创新。本书通过梳理以产定销高端白酒、产销结合酱香酒以及以销定产低端白酒的发展现状，发现白酒生产及销售终端现有的仓储物流基础较为薄弱，数字化、智能化等方面表现不足。为了突破现有瓶颈，加快数字化供应链建设，建设数字化云仓为突破当前瓶颈提供了新思路。白酒企业建设云仓不仅满足发展的需要，而且能有效联动仓储、物流、销售环节，实现供应链全链条的信息化、数字化，并带来相应的经济与社会效益。

　　（3）现有市场云仓的成功案例为白酒企业建设云仓提供可行参考。云仓在不同背景、行业和企业中得到广泛应用和推广，云仓模式在实际应用中已经验证了可行性，为白酒企业建设云仓提供了布局、模式、技术等范例。白酒企业率先建设云仓不仅能够有效改善酒类产品物流模式、提升核心竞争力、稳固现有的供应链地位，同时更能够发挥行业"领头羊"的作用，带动酒类行业乃至整个供应链上下游企业的数字化转型和发展。

　　（4）遵循白酒产品选址布局原则，设计了"核心仓、中心仓、城市仓"的云仓网络布局方案。通过总结凝练现有选址方法，设计云仓选址流程并设计不同酒类产品的全国云仓网络布局。以白酒产品销售模式、需求特点为基础，确定对应的选址原则，基于白酒企业现有销售网络、市场需求、仓储布局以及未来的发展规划，设计与之契合的"核心仓、中心仓、城市仓"三层仓储网络体系。

（5）对比分析以产定销高端白酒、产销结合酱香酒以及以销定产低端白酒的基本特征，本书在遵循白酒产品云仓模式设计总体原则的基础上，分别设计了各有侧重的三种云仓模式。基于三类产品的特点和特殊需求，分别确定相应的设计原则，细化各个功能模块，形成包含应用层、服务层和数据层的云仓模式方案，并辅以对应的实施策略，确保模式的可行性。

（6）结合白酒企业当前基础资源状况，本书对云仓布局的风险及保障措施进行提炼。云仓建设需要资金、技术、人力等相关资源的支持，涉及项目的投资、合作关系和法律责任，在云仓建设的不同周期、不同环节面临着诸多不确定性风险。本书系统梳理了云仓建设和运营的过程中法律政策、经济、技术、管理等层面潜在的风险，并从基础设施、云平台资源、全链路数据等方面提出相应的保障措施，以确保云仓建设和运营的顺利进行。

# 参考文献

［1］陈良勇. 快消品"云仓+供应链整合"新盈利模式研究［J］. 商业经济研究，2019（5）：91-93.

［2］陈振武，杨洋，兰添才，等. RFID 与 MongoDB 融合的分布式云仓储管理系统［J］. 计算机技术与发展，2021，31（1）：204-209.

［3］胡玉真，李倩倩，江山. 跨境电商企业海外仓选址多目标优化研究［J］. 中国管理科学，2022，30（7）：201-209.

［4］江深. 云仓模式构成及其发展对策研究［J］. 物流科技，2020，43（5）：76-77，86.

［5］慕艳平，周文凤. 我国云仓储物流模式发展探析［J］. 电子商务，2019（9）：1-2.

［6］潘雯雯，郭海湘，柯小玲，等. 井位不确定环境下的油田仓库选址问题［J］. 运筹与管理，2022，31（11）：37-43.

［7］裴时域，李元香. 改进的模拟退火算法在物流配送中心选址中的应用［J］. 统计与决策，2021，37（9）：172-176.

［8］王飞，孟凡超，郑宏珍. 基于禁忌搜索和遗传算法的云仓储分配优化［J］. 计算机集成制造系统，2022，28（1）：208-216.

［9］杨从平，黄素心，杨丽英. 基于云仓储的两阶段快递配送分析［J］. 物流工程与 管理，2018，40（1）：49，95-97.

［10］袁志远，高杰，杨才君. 药品物流多中心选址优化研究［J］. 运筹与管理，2022，31（10）：1-5.

［11］庄峻，杨东. 面向生鲜电商的前置仓选址及订单履约决策优化研究［J/OL］. 中国管理科学，2023（10）：1-15.

［12］邹筱，张晓宁. 准时达限制条件的冷链物流配送中心选址模型［J］. 统计与决策，2020，36（12）：185-188.

［13］ANTONIO R. DIAZ et al. Cloud robotics and iot for intelligent warehouses: A review [J]. IEEE Transactions on Industrial Informatics, 2020 (35): 8-22.

[14] CHRISTOPHER F. LU et al. Cloud-based warehouse management system: architecture, challenges, and opportunities [J]. IEEE Access, 2022 (56): 212-235.

[15] CHUNXUE WANG. Design and implementation of a cloud-based warehouse management system using IoT and AI technologies [J] Computers & Industrial Engineering, 2021 (71): 15-28.

[16] DINESH L, KRISHNAMOORTHY GD. An efficient hybrid optimization of ETL process in data warehouse of cloud architecture [J]. Journal of Cloud Computing, 2024, 13 (1): 190-202.

[17] FUNG S H, CHEUNG, C F LEE, et al. A virtual warehouse system for production logistics [J]. Production Planning & Control, 2007, 16 (6): 597-607.

[18] GAO Z Y. Dynamic Uncertainty Study of Multi-Center Location and Route Optimization for Medicine Logistics Company [J]. Journal of Control Science and Engineering, 2022 (10): 102-140.

[19] GUO H, PAN W, LIU LI Y, et al. Combining a continuous location model and Heuristic techniques to determine oilfield warehouse locations under future oil well location uncertainty [J]. Soft Computing, 2022 (3): 823-837.

[20] HE Z, AGGARWAL V, NOF S Y. Differentiated service policy in smart warehouse automation [J]. International Journal Of Production Research, 2018, 56 (22): 6956-6970.

[21] HENG L, KAIYOU Y. Research on smart warehouse of emergency supplies based on cloud computing and IoT [C] //2022 Asia Conference on Algorithms, Computing and Machine Learning (CACML). IEEE, 2022: 693-697.

[22] HUANG Y, WANG X, CHEN H. Location selection for regional logistics center based on particle swarm optimization [J]. Sustainability, 2022, 14 (24): 16409.

[23] HUANG Y, WANG X, CHEN H. Location selection for regional logistics center based on particle swarm optimization [J]. Sustainability, 2022,

14 (24): 16409.

[24] J. O. C. S. A. Retracted: Overseas warehouse location of Cross-Border e-commerce based on particle swarm optimization [J]. Journal of Control Science and Engineering, 2023 (1): 98.

[25] JIANHUI WANG et al. Cloud-based warehouse management system architecture design and implementation [J]. International Journal of Production Research, 2023 (101): 22-28.

[26] JIANHUI WANG. Cloud-based warehouse management system architecture design and implementation [J]. International Journal of Production Research, 2023 (33): 102-105.

[27] JUNG H, JEONG S. The economic effect of virtual warehouse-based inventory information sharing for sustainable supplier management [J]. Sustainability, 2018, 10 (5): 3390.

[28] KUTANOGLU E, MAHAJAN M. An inventory sharing and allocation method for a multi-location service parts logistics network with time-based service levels [J]. European journal of operational research, 2009, 194 (3): 728-742.

[29] LANDERS T, COLE M, WALKER B, et al. The virtual warehousing concept [J]. Transportation Research Part E-Logistics And Transportation Review, 2000 (36): 1366-5545.

[30] LI Y G. An improved simulated annealing algorithm and its application in the logistics distribution center location problem [J]. Applied Mechanics and Materials, 2013 (389): 990-994.

[31] LIU H, HU, HU J. E-commerce logistics intelligent warehousing system solution based on multimedia technology [J]. Journal of electrical and computer engineering, 2022 (11): 101-105.

[32] LIUH, PRETORIUS L, JIANG D. Optimization of cold chain logistics distribution network terminal [J]. Eurasip Journal on Wireless Communications and Networking, 2018 (1): 160-178.

[33] LU J, ZHAO Y. Selection of cold chain logistics distribution center location based on improved genetic algorithm [J]. MATEC Web of Conferences, 2018 (227): 18.

[34] TIAN Z, ZHANG G. Multi-echelon fulfillment warehouse rent and production allocation for online direct selling [J]. Ann Oper Res, 2021 (10): 1-25.

[35] ULUTAş A, KARAKUş C B, Topal A. Location selection for logistics center with fuzzy SWARA and CoCoSo methods [J]. Journal of Intelligent & Fuzzy Systems, 2020, 38 (4): 4693-4709.

[36] ULUTAş A, KARAKUş C B, TOPALA. Location selection for logistics center with fuzzy SWARA and CoCoSo methods [J]. Journal of Intelligent & Fuzzy Systems, 2020, 38 (4): 4693-4709.

[37] WAKABAYASHI K, SUZUKI K, WATANABE A, et al. Analysis and suggestion of an e-commerce logistics solution: effects of introduction of cloud computing based warehouse management system in Japan [J]. In Logistics Operations, Supply Chain Management and Sustainability, 2014 (15): 567-573.

[38] WANG F, WANG Y L, LIU Z J, et al. Model of e-commerce cloud warehouse grading based on mass simulation data [J]. Journal of digital information management, 2016, 14 (5): 311.

[39] WANG F, WANG Y L, LIU Z J, et al. Model of e-commerce cloud warehouse grading based on mass simulation data [J]. Journal of Digital Information Management, 2016, 14 (5): 311.

[40] WANG P, CHEN X, ZHANG X. Research on location of logistics distribution center based on K-Means clustering algorithm [J]. Security and Communication Networks, 2022.

[41] WANG P, CHEN X, ZHANG X. Research on location of logistics distribution center based on K-means clustering algorithm [J]. Security and Communication Networks, 2022 (1): 8-21.

[42] YAN LI et al. Design and implementation of a cloud-based warehouse management system for e-commerce logistics [J]. Journal of Systems Science and Systems Engineering, 2019 (77): 81-89.

[43] ZHANG, D, CHEN S, ZHOU, N, PU S. Location optimization of fresh food e-commerce front warehouse [J]. Mathematical Biosciences and Engineering, 2023, 20 (8): 14899-14919.

[44] ZHAO K, ZHU M, XIAO B, et al. Joint RFID and UWB technologies in intelligent warehousing management system [J]. IEEE internet of things journal, 2020, 7 (12): 11640-11655.

[45] ÖZMEN M, AYDOGAN E K. Robust multi-criteria decision making methodology for real life logistics center location problem [J]. Artificial Intelligence Review, 2020 (53): 725-751.

[46] ÖZMEN M, AYDOGAN E K. Robust multi-criteria decision making methodology for real life logistics center location problem [J]. Artificial Intelligence Review, 2020 (53): 725-751.